Jaspers | »Über Gefahren und Chancen der Freiheit«
und »Das Kollektiv und der Einzelne«

[Was bedeutet das alles?]

Karl Jaspers

»Über Gefahren und Chancen der Freiheit« und »Das Kollektiv und der Einzelne«

Zwei Essays

Mit einem Nachwort
von Hamid Reza Yousefi

Reclam

2. Auflage

RECLAMS UNIVERSAL-BIBLIOTHEK Nr. 14031
2021 Philipp Reclam jun. Verlag GmbH,
Siemensstraße 32, 71254 Ditzingen
info@reclam.de

Gestaltung: Cornelia Feyll, Friedrich Forssman
Druck und Bindung: Elanders Waiblingen GmbH,
Anton-Schmidt-Straße 15, 71332 Waiblingen
Printed in Germany 2025
RECLAM, UNIVERSAL-BIBLIOTHEK und
RECLAMS UNIVERSAL-BIBLIOTHEK sind eingetragene Marken der Philipp Reclam jun. GmbH & Co. KG, Stuttgart
ISBN 978-3-15-014031-4
reclam.de

Inhalt

Über Gefahren und Chancen der Freiheit 7
Das Kollektiv und der Einzelne 33

Zu dieser Ausgabe 45

Karl Jaspers und die Faktizität der existentiellen Freiheit
Essay von Hamid Reza Yousefi 46
Werke von Karl Jaspers (Auswahl) 70

Über Gefahren und Chancen der Freiheit

Unter Freiheit des einzelnen Menschen verstehen wir das Selbstdenken und das Handeln aus eigener Einsicht und damit die Führung des Lebens in der Kontinuität des eigenen Wesens. Der freie Mensch wird sich geschichtlich hell in den ihm gegebenen Situationen seines Schicksals, das sich durch seine Entschlüsse und deren Folgen erfüllt.

Unter politischer Freiheit verstehen wir den Zustand der Gemeinschaft, in dem die Freiheit aller Einzelnen die größte Chance hat.

1. Tendenzen zur Vernichtung der Freiheit

Die These, Freiheit sei nicht möglich

Gegen die Möglichkeit der Freiheit sprechen niederschlagende Erfahrungen:

Der Alltag scheint zu lehren, daß viele Menschen nicht wissen, was sie eigentlich wollen, wenn es ihnen nicht gesagt wird. Die meisten scheinen nicht aus sich selbst zu leben, sondern durch Nachahmungen, aus augenblicklicher Lust, aus unerhellten Gewohnheiten und gelenkt von Suggestionen. Es ist, als ob sie in sich selbst gleichsam einen leeren Abgrund fänden, vor dem sie nach außen fliehen, entweder in eine Geltung für andere durch Gebärden und Veranstaltungen oder in den Gehorsam gleich welcher Art, wenn sie nur gehorchen können im Bewußtsein, Teil zu sein einer unwiderstehlichen Macht. Freiheit bedeutet ihnen die Gewaltsamkeit, an der sie teilnehmen, sie erleidend und weitergebend. Besonnenheit und Urteilskraft zeigen sich selten.

Dazu kommt ein Drang, die eigene Freiheit preiszugeben an ein sie im Wesen Vernichtendes, an das Absurde, das nicht nur undenkbar, sondern Zerstörung des Denkens selber ist. Die Geschichte scheint zu lehren, daß alle wirksamen Religionen und religionsartigen Mächte irgendwo das schlechthin Absurde in sich schließen, das nicht abstößt, sondern gerade anzieht, ja unerläßlich scheint für den wirksamen Glauben. Es fragt sich nur, welche Weise des Absurden jeweils die wirkungskräftigste ist, die dann alle anderen Weisen in ihrer Absonderlichkeit verachtet und ausschließt.

Die Unmöglichkeit der Freiheit scheint weiter aus folgender Erfahrung sich zu ergeben. Freiheit fordert Gemeinschaft im Wahren. Diese Gemeinschaft fordert die Kommunikation des schaffenden und prüfenden Denkens, das nicht in der Verborgenheit wirkungslos verschwinden, sondern sich öffentlich treffen soll. Daher will auch jede auf Wahrheit gegründete politische Macht die unbeschränkte öffentliche Diskussion. Sie ist der einzige unumgängliche Weg, wenn Wahrheit wachsen soll. Was aber dann als öffentliche Diskussion verwirklicht wird, kann wie eine ungeheure Täuschung aussehen, in der der Versuch der Freiheit gescheitert ist. Denn die öffentliche Diskussion scheint zumeist nicht das Gespräch innerlich freier Menschen zu sein, die gemeinsam das Wahre suchen, nicht die Aufrichtigkeit der Sprechenden und Hörenden, sondern eine Kampfmethode für ganz andere Zwecke als die der Wahrheit. Man will gelten, will bezaubern und niederschlagen. Die freie Preise verbirgt ihre Abhängigkeit von Mächten der Wirtschaft und der politischen Gewalt und von weltanschaulichen Institutionen. Nicht Wahrheit, sondern List beherrscht das öffentliche Reden. Freie Öffentlichkeit, das scheint zu bedeuten Bestechlichkeit, zynisches Dirigieren der Massenmeinungen, Verantwortungslosigkeit der Redenden und Schreibenden. Diese gehorchen immer, ob die Zustände frei oder despotisch sind.

Die Geschichte des Abendlandes zeigt nur einzelne Lichtinseln versuchter Freiheit. Die meisten Versuche sind gescheitert. Diese Geschichte geht ihren Gang keineswegs als Geschichte wachsender Freiheit. Die Gegenwart schließlich vollzieht den rasenden Sturz in die Unfreiheit. Mehr noch als in der bisherigen Geschichte scheint Freiheit heute unmöglich zu werden in der Vermassung durch die technische Welt. Das Leben fast aller im bloßen Moment, ohne den zweiten Horizont der Zukunft, ohne Grund in der Tiefe der eigenen Vergangenheit und in der gemeinsamen Geschichte, geordnet nur durch Bürokratie, Arbeitszwang und organisierte Freizeit, läßt Freiheit verschwinden. Was heute menschlich echt ist, bleibt verborgen. Es scheint wirkungslos und ungehört zu versinken im Schlammstrom der alles und sich selbst sogleich wieder vergessenden Öffentlichkeit mit ihren Sensationen.

Denken wir schließlich nicht nur an uns Abendländer, sondern an die Milliarden Menschen, die den Erdball bevölkern und die Träger der kommenden Geschichte sind! Diese Menschen sehr verschiedener Art und Herkunft haben in ihrer Vergangenheit niemals Freiheit gekannt – im Unterschied von den seltenen Augenblicken und Orten des Abendlandes. Sie sind heute ohne Ausnahme in den Strudel der modernen Technik und deren Folgen hineingerissen worden. Dem Blick auf diese Milliarden stellt sich die bange Frage: wie sollen diese Milliarden für ein Dasein in Freiheit geneigt sein? Sie wollen gehorchen im blinden Glauben.

Alle diese Erfahrungen scheinen dasselbe zu sagen: Freiheit ist nicht möglich.

Die Verführung zur Verwerfung der Freiheit

Jeder, der mit echter Leidenschaft um Freiheit sich müht, macht im Umgang mit Menschen persönlich Erfahrungen, in denen er Freiheit aufgeben muß. Die Verführung, auf sie zu verzichten, geht dann aus vom Erbarmen und von der Ungeduld.

Erbarmen schreckt angesichts des einzelnen Menschen, der im Grunde ratlos ist und daher in sich selbst keine Führung aus Freiheit findet, davor zurück, Freiheit vorauszusetzen. Im Bewußtsein der Grausamkeit, sie von ihm zu verlangen, kann das Mitleid sich dazu verstehen, ihn an die Hand zu nehmen und zu führen.

Ungeduld erwächst angesichts von Dummheit, Trägheit und bösem Willen. Zum Beispiel unterbricht ein Wissender etwa ein sinnlos werdendes Gespräch durch eine autoritative Erklärung. Das Miteinanderreden hört dann auf – oder es bleibt nur ein wirkungsloses Spiel in der Muße –, der Mensch wird zum Gehorsam gezwungen durch sein eigenes Versagen, sei es durch die Situation, sei es durch Befehl.

Solches Verhalten ist Symbol für den Abbruch der Verständigung bei dem Gang der Dinge im Großen, für das Spiel der Mächte der Politik. Hier hat der Mißbrauch der Freiheit in verantwortungslosen Meinungen und trotzigem Eigenwillen *vieler* am Ende die Versklavung *aller* zur Folge. Denn wo sich nicht durch Freiheit eine Welt erbaut, sondern ursprungslose Willkür zur Anarchie führt, da findet die Gewalt keinen Widerstand mehr.

Ungeduld kann selbst einen freien Menschen verführen, angesichts des Gestrüpps unsachlicher Schwierigkeiten und der wachsenden Hemmungen durch die eigensinnige Willkür der Einzelnen, nach der Gewalt zu greifen, um das Ganze in die Hand zu bekommen und das Wahre, wie es ihm scheint, zur Geltung zu bringen. Er kann aber dieser Verführung erliegen nur um den Preis, mit der Vernichtung der Freiheit *aller* auch die *eigene* Freiheit zu verlieren.

Dieser Weg, die Verführung der Ungeduld des freien Menschen in bedrängender Situation, würde von ihm selbst kaum beschritten werden, sähe er voraus, wohin er führt. Wohl kann es ihm geschehen, daß er von der ratlosen Masse mit Beifall empfangen wird. Der allgemeine Zustand der Unverläßlichkeit und der endlosen Störungen des Lebens ohne eigentliches Leben bewirkt eine Angst, die am Ende nur noch den Drang kennt: es muß anders werden. Dann unterwirft sich den Versprechungen eines Erretters und Heilandes die Mehrzahl mit Enthusiasmus. Es geschieht, was Tacitus nannte: *ruere in servitium*. Man erwartet eine magische Wirkung. Man wirft die Freiheit weg im Rausche des die Herrlichkeit erwartenden Gehorsams. Folgt dann die schreckliche Enttäuschung, ist alles zwar anders geworden, aber viel schlimmer noch als es vorher war, so ist es zu spät. Die Tore des Gefängnisses sind zugeschlagen.

Für diesen schaurigen Vorgang scheint die Geschichte mit menschlich subalternen Tyrannen vorlieb zu nehmen, denen es Freude macht, über Sklaven zu herrschen, Männern von tigerhafter Geistesgegenwärtigkeit oder eiserner Intelligenz oder hysterischer Betrügerbegabung. Vielleicht waren Julius Cäsar oder auch Cromwell großartige Ausnahmen, Männer hoher Freiheit.

In einer für die Freiheit *aller* hoffnungslos scheinenden Welt gibt es für *den Einzelnen* die umgekehrte Verführung. Er sucht wenigstens seine eigene Freiheit zu retten, d. h. sich in der Welt zu tarnen und durchzukommen mit Rollen und Masken. Er hält sich in der Isolierung, fatalistisch im Hinnehmen, zynisch im Umgang mit den Realitäten, anarchisch in der Gesinnung. Aber Freiheit gelingt nur als gemeinschaftliche Freiheit. Sie für sich allein zu retten, heißt schon, sie preisgegeben zu haben.

Der Krieg

Wenn Freiheit das Werden des eigentlichen Menschseins bedeutet durch die Kommunikation im Wahren, so ist der Todfeind der Freiheit der Krieg. Denn der Krieg ist die Gewalt, mit der das Miteinanderreden aufhört und die Wahrheit als verbindendes Element endgültig verschwindet. In der Situation, töten zu müssen oder getötet zu werden, wird dann allen einzelnen Kämpfenden durch das ihre Gewaltsteigerung erzwingende Ziel, den Krieg zu gewinnen, immer mehr von ihrer persönlichen Freiheit genommen, bis alle Freiheit zugunsten wirksamster totaler Gewaltanwendung vernichtet ist. Was im Krieg als vorübergehend gilt, das wird unter Kriegsdrohung zum Dauerzustand.

2. Möglichkeiten der Freiheit

Das Versagen des Glaubens an die mögliche Verwirklichung der Freiheit auf Grund von Erfahrung – die Verführung zum Verzicht auf Freiheit durch Erbarmen und Ungeduld, zur vermeintlichen Rettung der eigenen Freiheit ohne die Freiheit der anderen – die Realität des Krieges, der ein immer wiederkehrendes, in seiner freiheitsvernichtenden Auswirkung sich steigerndes Element aller bisherigen Geschichte ist –, all diese Vergegenwärtigungen können hoffnungslos stimmen. Diese Bilder können das Unheil, das Erlöschen der Freiheit, als unausweichlich erscheinen lassen.

Trotzdem: richtig sind sie nur in bezug auf viele einzelne Zusammenhänge der Realität und als ständige Gefahr. Als vermeintliche Einsicht in das Ganze der menschlichen Möglichkeiten werden jene Bilder falsch.

Sie zeigen gleichsam die Materie als die eine Seite des Lebens, aus der der Mensch stammt, und in die er zurücksinken kann, wenn er die andere Seite, seine Möglichkeiten und eigentlich menschlichen Aufgaben versäumt. Dieser Materie bedarf er zwar, solange er lebt, aber aus ihr ist das Menschsein weder zu begreifen noch darf es für immer an sie verloren gehen. Wir vergegenwärtigen uns unsere Chancen.

Ungeheuerliches ist möglich. Infolge eines neuen Krieges können weite Länderstrecken für lange unbewohnbar werden, kann die Menschheit hingemordet werden, daß nur ein Drittel oder weniger übrig bleibt, kann für diesen Rest das Leben so mühselig werden, daß es, aus dem Zustand unserer Zivilisation gesehen, unerträglich scheint.

Aber der Rest wird leben, der Erdball weiter kraft des Sonnenlichtes gedeihen. Irgendwelche Überlieferungen, Werke, Bücher, Werkzeuge und Maschinen werden gerettet sein. Bei allem Vergessen und bei dem Abreißen der Überlieferung wird einiges Können bleiben. Vor allem der Mensch selbst, in jeder neuen Generation neu geboren, neu versuchend, in ursprünglicher Reinheit jedes Einzelnen wieder beginnend, wird in seinen Möglichkeiten unvorhersehbar reich sein können.

Angesichts der unheilvollen Möglichkeiten in jeder Prognose muß man der Übertreibung widerstehen. Was nicht gewußt und überhaupt nicht wißbar ist, darf nicht als Wissen behandelt werden. Ein vermeintliches Wissen von der Weltgeschichte im Ganzen können wir stets kritisch zersetzen. Als Wissen kann es uns nur dann niederschlagen, wenn wir unkritisch unser Nichtwissen verleugnen.

Das Ganze der Geschichte ist für uns ein unendlich Offenes. Die Zeit ist unabsehbar. Die 6000 Jahre bisheriger Geschichte sind nur ein Anfang, ein Augenblick an dem Maß der wirklichen Zeit.

Wir sollen die Weltgeschichte im Ganzen nicht zum Gegenstand unserer Sorge machen. Sie ist nicht unsere Aufgabe. Denn niemand steht über ihr, hätte sie zu gestalten in der Hand. Wir müssen gegenwärtig leben in Sorge um das, was wir sind und wirklich tun können im unendlichen Horizont der Möglichkeiten: klar erkennen, was in unserer Macht liegt und was nicht, das schafft uns den Raum unserer wirklichen Freiheit. Und dieser liegt immer zuerst und zuletzt in dem, was wir als unser Leben alle Tage verwirklichen. Darin liegt das Wesentliche des Menschseins auch für die Zukunft gegründet.

Wenn uns das Bewußtsein überkommt, mit allem, was uns wert ist, nur noch eine Galgenfrist zu haben, so soll uns das nicht lähmen. Es ist stets noch ungewiß, was kommen wird. Was wahrscheinlich aussieht, braucht keineswegs – wir haben es oft erfahren – wirklich zu werden. Dann aber kann gerade die Wahrscheinlichkeit des Unheils uns kräftigen in dem Bewußtsein, daß es auf jeden einzelnen ankommt, sein Dasein durchstrahlen zu lassen von Ursprung und Ziel. Die höchste Spannung des Möglichen kann auch die ganze Kraft des vernünftigen Menschseins in uns steigern, zu tun, was wir können, in den Anstrengungen um das Wesentliche.

Der Kampf gegen den Krieg

Die nach bisheriger historischer Erfahrung gewaltigste, die Freiheit immer einschränkende und schließlich vernichtende Realität ist der Krieg. Der Freiheitswille sucht mit unendlicher Geduld den Krieg unmöglich zu machen. Aber es bleibt unsere Situation, daß dies Ziel nicht in sicherer Aussicht steht.

Es ist unser menschliches Verhängnis, daß in uns allen jene Gewaltsamkeit liegt, die zur Folge hat, daß wir nie ohne Kriegsdrohung leben. Selbst bei einer vielleicht einst zu gewinnenden rechtlichen Weltordnung wird diese Drohung nie völlig aufhören. Wer sie irgendwann für verschwunden halten wird, wird durch das Vertrauen in die Sicherheit der Weltordnung Mitursache für eine um so schrecklichere Überrumpelung werden.

Den Krieg als unüberwindbare Realität anzuerkennen, ist für den frei werdenden Menschen ebenso unmöglich wie seine Realität als eine beiläufige Teufelei zu bagatellisieren und mit pazifistischen Wendungen wegzureden. Der Krieg hat seinen Ursprung im Menschsein, und zwar in einer Tiefe, die weder mit Charaktereigenschaften noch durch objektiv unlösbare Konflikte zwischen Menschen und Menschengruppen genügend begriffen wird. Und doch bleibt der ewige Friede eine Idee der Menschheit.

Der Krieg wäre nicht möglich, ohne ein allgemein verbreitetes Verhalten zwischen Menschen, das ihn vorbereitet. Daher beginnt die Gegenwirkung gegen den Krieg von der kleinsten Zelle der Gemeinschaft aufsteigend zu den höheren. Das alltägliche Verhalten, in dem ein jeder durch Mitverantwortung zur Freiheit kommen soll, verbietet trotzigen Eigenwillen und sucht ihn aufzuheben im Miteinanderreden. Daher ist das Alltagsethos die erste Bekämpfung des Krieges. Wenn nicht, dann ziehen irgendwann die am Steuer Sitzenden die Konsequenz und lassen den Krieg, der überall im kleinen vorgeübt wurde, im großen ausbrechen.

Der Kampf gegen den Krieg geschieht weiter durch geduldige Staatsmänner, die, trotz Kriegsatmosphäre in der

Seele so vieler gewaltsamer Menschen, wenigstens jetzt den Ausbruch des Krieges im großen verhindern wollen oder hinauszuschieben suchen. Es ist schon viel, solche Atempausen zu schaffen, von denen allein bisher die Geschichte gelebt hat.

Aber heißt das: um keinen Preis Krieg?

Wer Freiheit will, will einen solchen Zustand der Gemeinschaft, in dem die Freiheit des Einzelnen die größten Chancen hat. Das ist der politische Zustand, in dem durch mögliche spontane Mitwirkung aller in gesetzlichen Formen ständig die Korrektur des Bestehenden gesucht und dies durch öffentliche Diskussionen, Freiheit der Nachrichten, das höchstmögliche Maß von Bildung und Selbstdenken gefördert wird. Wo diese Möglichkeit eines freien politischen Lebens, das notwendig in sich vom Friedenswillen getragen ist, von außen her vernichtet werden soll, da ist Widerstand und ist das Rechnen mit der Möglichkeit des Krieges eine Verantwortung der Freiheit selbst, die den Krieg als solchen nicht wollen kann.

Wenn es sich darum handelt, gegen unseren Raubtiercharakter in Gestalt gewaltsamer Machtbildungen den Zustand der eigentlichen Menschheit zu retten, der Freiheit ermöglicht, so ist die Gesinnung der Freiheit selbst das Motiv, die Waffen zur Abwehr zu ergreifen.

Es bleibt für das Abendland ein ewig denkwürdiger Augenblick, als gegen den asiatischen Koloß des Perserreiches, der seine unausgesetzten Eroberungen auf Griechenland auszudehnen im Begriffe stand, Athen angesichts der gewaltigen Unterschiede der Kräfte, vorbereitet durch die Voraussicht des Themistokles, selbst die eigene Stadt der feindlichen Zerstörung preisgab, um bei Salamis die griechische Freiheit und damit die abendländische Freiheit überhaupt zu retten.

Es hat noch manche solcher Kämpfe gegen erobernde freiheitslose Imperien gegeben, die Kämpfe der Schweizer, der Holländer, den Kampf Wilhelms III. gegen Ludwig XIV., den der europäischen Nationen gegen Napoleon, des freien Abendlandes gegen Hitler. Es liegt auf diesen Kämpfen etwas von dem Glanze jener ersten Rettung.

Aber schon das erste Mal zeigte sich die Gefahr solchen Krieges auch für die Freiheit der Freiheitskämpfer. Der Kampf mit dem Drachen läßt selber zum Drachen werden. Das siegreiche Athen ging den Weg imperialistischer Gewalt. Auch wenn wir seiner Ausbeutungspolitik die Akropolis und die Herrlichkeit Athens verdanken, so ist hier doch der Grund gelegt zu den Geschehnissen, die schon bald hernach die griechische Freiheit zerstörten. Sie blieb nur als Erinnerung im Abendlande, die zu Auferstehungen der Freiheit ermutigte.

Das Entscheidende: das Unbedingte

Unsere Betrachtungen, die bisher dem Willen zur Freiheit Realitäten und objektive Möglichkeiten zeigten, haben einen gemeinsamen Charakter. Sie haben die Tendenz, durch ihre unheilvollen Perspektiven uns zu entmutigen, durch ein scheinbares Wissen uns zu lähmen und dann unmerklich mit dem Fatalismus uns in Selbstvergessenheit gleiten zu lassen. Wenn wir dagegen kritisch einsehen, daß solche Erkenntnisse zwar einzelne Realitäten richtig sehen lassen, aber nie das Ganze zum Gegenstand des Wissens gewinnen, so ist diese Kritik doch nur negativ wirksam: sie befreit uns vom Scheinwissen und hebt damit die lähmende Wirkung mißverstehenden Totalwissens auf. Das aber ist zu wenig. Wir suchen mehr, um der Freiheit zu vertrauen.

Zunächst erinnert uns unsere Geschichte. Die Idee der Freiheit wurde in der Tat gelebt und gedacht, nicht oft, nicht in der Menge, aber in einzelnen großen Erscheinungen. Es sind nicht nur verschwindende Lichtinseln. Wir werden durch sie erweckt und hören den Anspruch. Wer ihn gehört hat, für den ist das Leben anders geworden.

Dann aber werden wir einer Umkehr unserer Denkungsart uns bewußt. Eine Grunderfahrung des Erkennens lenkt uns auf den Weg: Wir können zwar durch keine Forschung, kein wissenschaftlich zwingendes Wissen, keine empirische Untersuchung den Nachweis erbringen, daß es Freiheit gibt – aber wir können auch ihr Nichtsein nicht beweisen.

Der Nachweis der Freiheit erfolgt nicht durch ein Wissen, sondern durch die Tat, aber nicht durch irgendeine einmalige Tat, sondern durch das Tun aller Tage, durch die Existenz des einzelnen Menschen, der dadurch erst mit dem anderen in eine echte, freie Gemeinschaft gelangt.

Entscheidend dafür, uns des Ursprungs unserer Freiheit unverlierbar gewiß zu werden, ist die Umkehr unserer Denkungsart aus dem im Gegenständlichen verlorenen Denken in das Denken aus dem Umgreifenden. Wir beschreiten, wo es sich um Freiheit handelt, eine andere Dimension im Tun und Denken zugleich.

In dieser Dimension sind wir eins mit einem Unbedingten, aus dem wir wollen. Nur scheinbar unbedingt ist der Fanatismus eines blinden, gewaltsam lenkenden und gehorchenden Willens. Dieser ist vielmehr bedingt und Gegenstand psychologischer und soziologischer Erkenntnis, die uns seine Herkunft, seine Erzeugbarkeit und Verwandelbarkeit zeigt. Das eigentlich Unbedingte wird sich fortdauernd heller, setzt sich jedem Lichte und jeder Frage aus, hat seinen Ort in der umfassenden Vernunft und bringt uns in die Gemeinschaft des sich entfaltenden Unbedingten.

Freiheit, Hellwerden des Unbedingten, Gemeinschaft selbstseiender Wesen – das ist dasselbe.

Ist dies Umgreifende offenbar gegenwärtig geworden, dann liegt alles Erkennen innerhalb seiner. Wohl ist der Inhalt der Erkenntnis zwingend richtig, aber wir sind im Anerkennen dieser Richtigkeit nicht als ein Ganzes von ihr beherrscht, weil das Ganze selbst nie zu ihrem Inhalt werden kann.

Dann kann, nach Kants Worten, »nichts Schädlicheres und Unwürdigeres gefunden werden als die pöbelhafte Berufung auf vorgeblich widerstreitende Erfahrung«, wo der Gegenstand der Erfahrung erst durch unsere Freiheit wirklich werden soll. Hier vermögen »rohe Begriffe, eben darum, weil sie aus Erfahrung geschöpft werden, alle gute Absicht zu vereiteln«.

Freiheit ist die Führung aus dem Unbedingten. Diese Führung wird sich im Philosophieren klar, in jenem Philosophieren, das zum Menschen als Menschen gehört.

Es ist zweierlei: die betrachtende Erkenntnis soziologisch-historischer Kausalverkettungen – und das erweckende Denken, das in uns zum Bewußtsein bringt, was wir eigentlich wollen und an jedem Tage verantwortlich tun.

Die Prozesse, die wir soziologisch-kausal erkennen, sind die Bewegungen der Unfreiheit oder zur Unfreiheit. Die Spontaneität der Freiheit dagegen ist nicht ableitbar. Sie ist nicht Gegenstand der Erkenntnis. Denn Erkenntnis erfaßt die Geschehnisse nur in ihrer gegenständlichen Objektivierung nach dem Gesichtspunkt der einsichtigen Notwendigkeit. Obgleich die Erkenntnis Bedingungen zeigen kann, unter denen Freiheit möglich ist, geht dieser selber aus solchen Bedingungen keineswegs hervor.

Politisches Handeln gründet sich auf beides, auf Erkenntnis und Freiheit.

Die Erkenntnisse soziologischer und ökonomischer Art werden – mehr oder weniger angemessen, verstrickt im Irrtum – zu Leitfäden für die planenden Entschlüsse der Staatsmänner.

Die Freiheit spricht zur Freiheit, geht auf Erweckung des Anspruchs an Menschenwürde, auf die Erhellung des Denkens des Möglichen, horcht auf die Sprache der Transzendenz.

Erkenntnis ist Sache der Wissenschaften, Freiheit zu denken und an sie sich zu wenden, ist Sache des Philosophierens.

Die Erkenntnis wendet sich an den allgemeinen Verstand, worin alle identisch sind, der Anspruch der Freiheit aber an jeden Einzelnen, der im inneren Handeln er selbst werden soll, um damit in sich die Führung zu gewinnen, durch die er all sein Wissen und seine Zwecksetzungen umgreifen und unter die Bedingung stellen soll, welche ihnen den Sinn gibt.

Politik empfängt von der Erkenntnis den Raum voraussehenden Planens, vom Philosophieren den Sinn des Ursprungs aus dem Willen der menschlichen Existenz.

Die große moderne Täuschung ist der Schein, durch soziologisches Wissen und pseudowissenschaftliche Mythen den Geschichtsverlauf zu übersehen und diese Übersicht zum Mittel und zugleich zum Ziel des Handelns zu machen.

Wahrheit ist, daß, solange Menschen leben, es immer noch am Menschen selber liegt, was aus ihm wird. Seine Freiheit ist in kein Wissen einzufangen. Es ist nicht zwingend vorauszusehen, ob und wie Freiheit sein und wirken wird.

Erscheinung der Freiheit

Von Freiheit und ihren Erscheinungen zu sprechen, ist das Feld der Philosophie und der philosophischen Interpretation der geschichtlich-soziologischen Wirklichkeiten des Menschseins. Für solche Interpretationen diene ein Hinweis auf drei eng zusammenhängenden Erscheinungen: Freiheit behauptet sich erstens gegen den Anspruch auf den Besitz der einen absoluten Wahrheit durch den Willen zur Kommunikation von Selbst zu Selbst; sie behauptet sich zweitens gegen Menschenvergötterung durch öffentliche Diskussion; sie behauptet sich drittens gegen die Leugnung der Freiheit durch das Vertrauen zum Menschen.

a) Der Anspruch auf den Besitz der einen absoluten Wahrheit hebt die Freiheit auf. Denn wenn ich die Wahrheit besitze, kann ich sie nur verkünden – der andere kann sie annehmen oder ablehnen –, eigentlich miteinander reden können wir so nicht. Der Ausschließlichkeitsanspruch einer Wahrheit vernichtet die menschliche Grundsituation: daß wir in Kommunikation der Wahrheit uns vergewissern. Freiheit ist in dem Maße, als Kommunikation tief und aufrichtig ist.

b) Menschenvergötterung und rückhaltlose öffentliche Diskussion dulden sich gegenseitig nicht.

Die Menschen, die an politisch entscheidenden Stellen den realen Gang der Dinge und das Ethos der Gemeinschaft bestimmen, sind für die Völker wie ihr Schicksal, das sie selbst hervorbringen durch ungewußte Bahnung der Wege, auf denen sie jene an die Macht gelangen lassen. Von diesen Menschen geht der eigentümliche Glanz aus, der mit der Rolle der alles andere bestimmenden Entscheidungen verbunden ist.

Aber wie ausgezeichnet ihre Art, wie bedeutend ihre Leistungen, wie ernst ihr Charakter in den günstigsten Fällen auch sei, es sind immer Menschen. Mögen sie im Namen Gottes, von seinen Gnaden, im Namen der Geschichte, in deren Auftrag sie handeln, die höchsten Ansprüche erheben, es ändert nichts an dem Faktum, daß sie Menschen sind und bleiben. Ihr hoher in jenen Formen erhobener Anspruch macht sie verdächtig, aber kommt entgegen einem Anbetungsbedürfnis der Massen.

Menschenvergötterung pflegt einen einzigen zum alleingeltenden Menschen zu erheben, den Führer oder den Dichter oder den Weisen oder den Heiligen: nur dieser und kein anderer ist der über alle anderen erhabene Mensch und mehr als Mensch. Die Vergötterung macht ihn unantastbar. Eine Kritik an ihm gilt als ein Angriff auf ein Unangreifbares und ist als solche empörend. Sobald die Macht dazu da ist, wird solche Kritik verboten.

Vertraut man sich, endgültig gehorsam, Einzelnen an, so gibt man die Freiheit auf. Es ist eine fast unwiderlegliche Neigung in uns, in ehrfürchtiger Selbsthingabe uns so statt Gott einzelnen Menschen zu unterwerfen. Die Menschenvergötterung ist eine ungeheure Tatsache. Aber es gibt die Menschen, die weder solche Neigung haben, noch Lust empfinden, über unfreie Menschenmassen zu herrschen, die vielmehr nüchtern sehen, was Menschen sind und was auch das adlige Wesen des besten Menschen noch bleiben muß. Es gibt die Menschen, die an Gott glauben und dadurch vor Menschenvergötterungen geschützt sind.

Die öffentliche Diskussion, in der ohne Einschränkung Tatsachen, Sinngehalte, Forderungen erörtert werden, durch die der Geist in lebendiger Bewegung bleibt, schafft dagegen eine jene Menschenvergötterung in Frage stellende Atmosphäre, macht sie zwar nicht unmöglich, drängt sie aber in Verschleierungen und zerstäubt sie in eine Vielfachheit von Vergötterungen, so daß sie in ihren Auswirkungen an Kraft verliert.

c) Die Leugnung der Freiheit bedeutet den Verlust des Vertrauens zum Menschen. Blinder Gehorsam und Tyrannis gehören zusammen. Suche ich beide – vielleicht es mir selbst verschleiernd –, so gerate ich unfehlbar auf den Weg der Menschenverachtung, wenn ich nicht schon von ihr ausgegangen bin. Die Ausnahme des einen Vergötterten steigert nur die allgemeine Menschenverachtung.

Wer nicht an den Menschen glaubt – sei es als eigenen Ursprung, sei es als Geschöpf der Gottheit –, der muß, was er auch tut, daran mitwirken, den Menschen zu vernichten.

Wir zeigten drei Alternativen: Anspruch auf den Besitz der absoluten ausschließlichen Wahrheit – oder Freiheit der Menschen im Suchen der Wahrheit, die im Miteinanderreden die Selbstdenkenden zugleich überzeugt und verbindet. Ferner: Menschenvergötterung – oder öffentliche Diskussion. Schließlich: Leugnung der Möglichkeit der Freiheit, damit Drang zu Gehorsam und Tyrannis – oder Vertrauen zum Menschen.

Diese drei Momente hängen zusammen.

Will ich Freiheit, so kann ich sie nicht geradezu wollen und planen. Sie ist nur zu verwirklichen im Miteinander. Niemand kann wahrhaft frei werden, wenn nicht alle frei werden. Wir sind an Gemeinschaft gebunden nicht nur für die Lebenszwecke, sondern für unser Wesen selbst. Ich bin nicht ich selbst, außer in Kommunikation mit dem anderen Selbst.

Das Wachsen der Freiheit fällt daher zusammen mit dem Wachsen des uns verbindenden Ethos, das nicht gemacht wird, aber sich verwirklicht aus dem Grunde eines jeden Menschen, der er selbst ist. Dieser Grund ist immer in Gefahr. Er muß sich ständig zeigen, indem er sich neu hervorbringt. Er ist die Spontaneität des guten, sich selbst durchsichtig werdenden Willens.

Im Entscheidenden kann der Mensch nicht das, worauf es ankommt, abschieben auf andere, auf die Zustände, auf die Geschichte, sondern zuletzt spricht es aus dem Grunde des Selbstseins eines jeden. Von da wird am Ende auch bestimmt, was gemeinschaftlicher Zustand und öffentliches Ereignis wird.

Hört aber die Führung aus der Freiheit auf, so sinken mit dem Einzelnen die Zustände der Gemeinschaft ab in die gewaltsame Lenkung durch Tyrannen nach der Pragmatik der Macht.

3. Die Aufgabe der geistigen Menschen

Wir sagten: Erkenntnis, welche methodisch sich auf partikulare Gegenstände bezieht und in der Diskussion zu zwingenden Ergebnissen führt, und Philosophie, welche methodisch an den Grund aller Dinge drängt, den Menschen an seine höchsten Ziele bindet und in der Diskussion zur Helligkeit und zum Aufschwung führt – beide sind wesensverschieden und zugleich untrennbar aneinander gebunden, beide sind Sache aller Menschen.

Aber das Wahre wird mitteilbar und wirksam erst durch die sogenannten Geistigen, das heißt die Forscher und Philosophen, die Kritiker und Dichter, die Politiker, die Literaten, die Intellektuellen und die Akademiker.

Einschätzung ihrer Bedeutung

Unser Zeitalter steht ihnen nicht selten mit geheimer Verachtung gegenüber. Hohe Schätzung genießen nur solche, die direkt oder indirekt dem technischen Fortschritt dienen. Die anderen Geistigen erscheinen als Menschen, die nur schwatzen und nichts tun, als eine Art Komödianten, geeignet für die ernsthaft Arbeitenden zur Belustigung mit geistigen Dingen in freien Stunden, in denen man zu Besserem keine Frische hat. Hegel aber schrieb: »Die theoretische Arbeit bringt mehr zustande in der Welt als die praktische; ist erst das Reich der Vorstellung revolutioniert, so hält die Wirklichkeit nicht aus.« Diesen Satz werden wir kaum mit der Hegelschen Zuversicht wiederholen. Wie von Plato bis Hegel die Denker gewirkt haben dadurch, daß sie mißverstanden wurden, wie das Reich der Vorstellungen zwar revolutioniert wurde, aber in Verkehrungen des ursprünglich Gedachten, das ist ein Feld trübsinnig stimmender Forschungen, zumal man selbst nie gewiß weiß, ob man recht versteht.

Aber im Hegelschen Satz liegt eine Wahrheit, die uns ermutigt, indem sie uns die Verantwortung für unsere Wahrhaftigkeit auferlegt. Die Arbeit an wahren Vorstellungen, an nüchterner Auffassung der Realitäten, an kritischer Scheidung, am Raum für die vernünftigen Antriebe ist unberechenbar in ihrer Wirkung. Sie schafft mit an einer Welt, die nicht durch Summierung vieler Einzelleistungen, sondern durch Integration von Wechselwirkungen entsteht, derart, daß in ihr plötzlich aus einem bis dahin fast Verborgenen her etwas Außerordentliches für viele und alle wahr werden kann.

Die Öffentlichkeit

Die Freiheit aller Menschen fordert die öffentliche Sprache und damit die Wirkung der Geistigen. Ihre Arbeit selber, ihr Auftrieb ist gebunden an Freiheit. Diese Arbeit ist angewiesen auf die Zündung durch das Miteinander und Gegeneinander im begründeten Sprechen. Ohne Freiheit verliert sie ihren schaffenden Charakter, das wußten schon Tacitus und Pseudo-Longinus.

Darum ist nicht eine Erscheinung unter anderen, sondern der Lebensnerv aller Menschen die Freiheit, daß uneingeschränktes öffentliches Sprechen und Diskutieren stattfindet, eingeschränkt allein durch das für alle gültige Gesetz gegen Verleumdung und Erpressung, die, falls in ordentlichen Gerichtsverfahren festgestellt, geahndet werden, niemals aber auf dem Verwaltungswege getroffen werden dürfen.

Alle Niedertracht der Öffentlichkeit ist gerade durch die Öffentlichkeit selber und allein durch sie korrigierbar. Dirigierte Öffentlichkeit, und im höchsten Maße die staatlich-terroristische Weise, erzwingt die Lüge, setzt an die Stelle korrigierbarer Entgleisungen jeweils unkorrigierbare Absolutheit, die durch den Willen der Tyrannen sich ändernde Propaganda. Diese Unfreiheit lähmt das geistige Leben.

Wer Freiheit nicht will, will auch diese Öffentlichkeit uneingeschränkter Diskussion nicht, denn sein Todfeind ist Wahrheit. Wer diese uneingeschränkte Öffentlichkeit nicht will, will die Freiheit zerstören.

Aber keineswegs ist nun diese Öffentlichkeit der Raum nur für freie Menschen. Was wir als Korruption der öffentlichen Diskussion charakterisieren, liegt in der Natur der Sache, aber nur als ein Moment. Denn die ganze Öffentlichkeit kann gerade als freie diese Korruption ständig korrigieren. Das ist der einzige mögliche Weg der Wahrheit im Dasein. Er ist zu zeigen.

Der Geist als solcher ist keineswegs schon das Wahre. Er ist richtig oder irrend, wahr oder falsch, gehaltreich oder leer. Er kann luziferisch ein Licht bringen, das in das Dunkel führt, befreiend oder verführend, gut oder böse sein.

Die Geistigen sind als solche durch keine objektive Instanz in der Welt autorisiert. Sie tun auf je eigene Verantwortung, was sie sagen und schreiben. Sie haben ein begründetes Selbstbewußtsein in dem Maße, als sie die Schärfe des Gewissens spüren, ihr Dasein in verzehrender Arbeit an ihre geistige Leistung setzen und mit ihrem Tun ein Echo erfahren von Menschen, die sie lieben und achten können.

Aber sie können verantwortungslos beliebigen Mächten dienen. Sie können nicht nur Ursprung, sondern auch Werkzeug sein. Denn sie tragen in sich beide Möglichkeiten, sowohl die des freien Schaffens auf dem Wege zur Wahrheit als auch die Bereitschaft, unter dirigierenden Mächten im Dienst jeweiliger Lügen zu stehen.

Diese letzte Alternative bleibt meist verschleiert. Der Verrat der Geistigen am Geist aber wird vorbereitet durch eine Weise geistigen Scheinlebens, welches nicht der Freiheit, sondern der gewissenlosen Willkür der Einzelnen Raum gibt. Das geschieht durch alle solche Geistigkeit, welche nur spielt und ohne innere Bindung um jeden Preis geistreich ist, welche mit Imaginationen die durch Leerheit begierigen Köpfe mystifiziert, welche den gottverlassenen ästhetischen Lebensgenuß bewirkt, und welche mit all dem eine Atmosphäre von Gleichgültigkeit und Fatalismus schafft, im Lärm der Sensationen jeden Boden ruiniert, dann ratlos, nihilistisch und zynisch oder am Ende bigott macht. Es entwickelt sich eine Seelenverfassung, die ein geeignetes Objekt für die hier vieles richtig treffende Psychoanalyse ist, eine Welt, in der die Zehn Gebote – hochmütig als primitiv bezeichnet – keine Geltung mehr haben.

Mit all dem wird ein Zustand geistig lärmenden Scheinlebens geschaffen, der in seiner Nichtigkeit durch einen Diktator mit seinem Terrorapparat ohne Widerstand weggewischt wird.

Hoffnung und Kampf

Die Aufgabe des Geistes ist es, das Wahre offenbar werden und Sprache finden zu lassen. In der Arbeit des Geistes liegt alle Hoffnung. Der Geist, das Unrealste, das Empfindlichste, das wie ein Nichts scheinbar nur Mitschwebende birgt in sich und erwirkt vielleicht auf die Dauer unberechenbar das Beständigste. Aber er gewinnt zeitliche Wirklichkeit nur im Kampf.

Der Geist verrät sich selbst, wenn er zum endgültigen Besitz der einen absoluten Wahrheit gelangt zu sein glaubt. Denn er schreitet auf dem Wege, ihr näherzukommen in der grenzenlosen, niemanden grundsätzlich ausschließenden Kommunikation. Seine Arbeit geschieht aus der Sorge um den Menschen, um das, was wir aus uns selber machen, herausholen aus unserem Seinsgrunde und dadurch als das Sein selbst berühren. Das hat seinen Ursprung in der Verborgenheit liebenden Kampfes Einzelner, aus dem alles nach außen Tretende den Grund seiner Gehalte hat.

Öffentlich aber ist der Kampf notwendig, um die Weite

des Horizonts zu gewinnen, die Erfahrung vieler zu vereinigen, am Schaffenden teilzunehmen, vor allem um die Verwirklichung des Wahren zu fördern. Denn was wahr ist, setzt sich keineswegs automatisch durch.

Notwendig ist der Kampf gegen Unwahrheit und falsche Sprache. Denn der Geist kann den Ursprung verraten haben und doch blühen kraft vitaler Begabung. Er kann bezaubern und täuschen, wenn ihm der Grund der Freiheit fehlt und die Kraft der Aufrichtigkeit.

Daher wird vom Willen zur Wahrheit die uneingeschränkte freie Öffentlichkeit bedingungslos gefordert. Nur so gewinnt der Geist die vollen Chancen. Aber die in diesem Raum mitsprechen, sind als Intellektuelle keineswegs schon auf der Seite der Freiheit. Diese Öffentlichkeit ist auch für die Gegner der freien Öffentlichkeit da. In ihrem Raum stellen sie sich schon in den Dienst totalitärer Mächte. Sie werden mit ihrem Tun wie alle Lügen entlarvt. In der freien Öffentlichkeit sind sie der Kritik ausgesetzt und grundsätzlich korrigierbar. Nur im totalitären Staat sind dirigierte Lügen unkorrigierbar, außer durch die Tyrannen selber.

Der Kampf spielt sich, solange politische Freiheit ist, mit geistigen Mitteln ab. Was hier sich freundlich begegnet, das wird getragen von Kräften, die mitwirken, Frieden und Freiheit zu gewinnen, aber auch von solchen, die am Ende dahin drängen, Blut fließen zu lassen.

In diesem Kampfe wird die Propaganda entwickelt und mit einem technischen Raffinement ersten Ranges betrieben. Propaganda, zuerst das Mittel der List, um vorteilhaft scheinende Unwahrheit zu verbreiten, ist nun auch das unerläßliche Mittel geworden, um Wahrheit zur Geltung zu bringen. Wie nicht nur das Unrecht, sondern auch das Recht den Advokaten verlangt, wenn es nicht unterliegen will, so bedarf die Wahrheit der Propaganda.

Die Hauptsache aber bleibt die eigentliche Arbeit des Geistes selber. Der Gedanke muß klar und rein und einfach gedacht werden, um die immer dringender werdende Abwehr zu ermöglichen gegen alle Bezauberungen, gegen die täuschenden Imaginationen, gegen gnostische Mystifikationen, gegen all diese Vernebelungen, und gegen die dunklen, unerhellbaren Dogmatismen. Diese heute, wie es scheint, immer noch wachsenden geistigen Verwirrungen sind das Vorspiel der Unfreiheit, sie sind schon diese selbst im Raum der Freiheit, charakterisiert weniger durch die Inhalte als durch die Denkungsart. Sie sind geneigt, im Ernstfall sogleich mit dem Absurden und dem Terrorismus mitzumachen.

Man muß wissen, wo man in diesen Kämpfen um die Freiheit und ihre Gehalte steht. Dann wird die Arbeit an den Vorstellungen, an der Erhellung der Motive, an der Erkenntnis der Realitäten, am Seinswissen, am Entwurf von Bildern und vor allem an der Denkungsart aus der umgreifenden Vernunft mit der beschwingenden Gewißheit vollzogen, daß wir alle ohne Ausnahme in der Möglichkeit freie Menschen bleiben, die im Grunde fähig sind und danach drängen, aus der Tiefe ihres Wesens miteinander zu reden, um sich in der Wahrheit zu verbinden.

Das Kollektiv und der Einzelne

Kann es in der Massengesellschaft noch Individualitäten geben? Ist es möglich, daß in der kollektivierten Gesellschaft der Einzelne sich behauptet?

Diese heute oft und besorgt gestellte Frage fordert zu ihrer Beantwortung zunächst eine Klärung des Gegensatzes von Einzelnem und Kollektiv. Der Mensch ist immer beides, ein Einzelner in einem Ganzen. Der Einzelne ist durch seine menschliche Umwelt und diese nur dank der Kraft des Einzelnen. Es kann weder das Ganze – nennen wir es Gemeinschaft, Gesellschaft, Kollektiv – noch den Einzelnen für sich geben. Denn der Mensch geht weder in einem Ameisenstaat als einem sich geschichtslos wiederholenden, in sich vollendeten Ganzen zu bloßer Funktion verloren, noch läuft er als Vereinzelter durch die Welt. Ohne Überlieferung, die ihm durch Menschen zuteil wird, kann der Neugeborene nicht einmal Mensch werden. Er wächst nicht, wie alle Tiere, durch die biologischen Erbsubstanzen von selbst in ständiger Wiederholung des Gleichen durch Generationen, sondern durch die Erziehung in geschichtlichem Wandel. Taubstumm geborene Menschen entbehren mit dem Gehör auch der Sprache. Sie wurden in früheren Zeiten mit Schwachsinnigen verwechselt. Seitdem ihnen durch planmäßiges Erlernen einer Gebärden- und Zeichensprache ein Ersatz für die gehörte und gesprochene Sprache geschaffen wurde, haben sie sich als vollwertige Menschen erwiesen, da ihnen die Überlieferung geistig zugänglich wurde, die sie zu Menschen macht.

Nun ist der Grundtatbestand des Menschseins, der es von allen Tieren unterscheidet, daß das Verhältnis des Einzelnen zum Kollektiv nicht in eine vollendete Form gebracht werden kann. Daher hat der Mensch Geschichte. Er bringt durch seine Werke, durch die Ordnung der Arbeit in Gemeinschaft hervor, was im Unterschied von dem biologisch Vererbten als Gebilde stets brüchig und leicht zu ruinieren ist. Die gewordene Gemeinschaft bleibt für ihn in jeder Gestalt ungenügend, macht ihn daher unzufrieden. Er muß weitergehen. Dies geschieht in höchstem Maße durch die moderne Technik. Wenn der Mensch durch Erfindungsgabe, mit wachsender Beherrschung der Natur, diese Natur verwandeln will, so macht er die Erfahrung, daß in der reißenden Bewegung die von ihm geschaffene Umwelt keine bleibende Gestalt finden kann.

Diese Bewegung, die er mit der modernen Leidenschaft ergreift, das Bessere suchend, seine Macht vergrößernd, seine Welt ins fast Unermeßliche ausweitend, ist doch zugleich für ihn ein schreckliches Geschehen. Er sträubt sich, er möchte das Bleibende. Dieses Bleibende ist in der vortechnischen Geschichte in großen wirksamen Gestalten gedacht und gelebt worden: Im chinesischen Universum wußte der Mensch sich eins mit der ewigen Ordnung der Dinge, dem Tao, alle Abweichung galt als vorübergehende Störung, das menschliche Leben im Ganzen als ständige Wiederherstellung des ewig Gleichen, in der platonischen Ideenwelt wurden die bleibenden Gestalten und Verhältnisse gedacht als ein Sternenhimmel über dem an sich ziellosen und sinnlosen Werden, das selber nur durch Teilnahme an jenen Ideen eine Weise des Seins gewinnt – die stoische Weltvernunft durchdrang alles Geschehen als ewige Notwendigkeit und Unveränderlichkeit –, vom christlichen Gottesreich her war die Welt nur eine Stätte der Bewährung und Prüfung der Menschenseele, sie selbst aber, als der Zwischenzustand zwischen Schöpfung und Sündenfall einerseits, Weltuntergang, Endgericht und Auferstehung andrerseits, hatte keine eigentliche Entwicklung.

Das sind, von heute her gesehen, eine Reihe herrlicher Träume von Völkern und Kulturen. Heute ist jene Grundbeziehung des Einzelnen und der Gemeinschaft durch die schnelle Verwandlung des gesamten menschlichen Daseins infolge der gewaltigen und in ihrem weiteren Gange unabsehbaren technischen Naturbeherrschung anders als früher, radikaler, zerrissen und fragwürdig geworden.

Denn mit den Folgen der Technik ist die Gemeinschaft selber in neuer Gestalt da. Die umfassende Gemeinschaft, die früher ineins sich bewegte, ist gespalten. Diese Spaltung ist unter dem Namen des Gegensatzes von Gemeinschaft und Gesellschaft bewußt geworden. Jene substantielle Gemeinschaft ist geschichtlich, ja besonders einzig, getragen von einer unergründlichen Vergangenheit, auf die sie hört, die durch mündliche Lehre und Bücher, durch Sitten, Gebräuche, Gewohnheiten, Gehörigkeiten, vor allem durch Familie und gemeinsamen Glauben überliefert wird. Sie ist gewachsen, nicht zu planen, sie wird bewahrt, ist nicht zu machen. Das technische Kollektiv der Gesellschaft dagegen geht im Augenblick auf, ist beliebig übertragbar, identisch wiederholbar, hat keine Vergangenheit, die es in der Erinnerung trägt, ist restlos geplant, übersehbar und zu machen. Es kann jeden Menschen ersetzen, ohne sich zu ändern, es behandelt ihn nur als Mittel, als Teil und als Funktion. Es hat keine Zukunft als nur die nicht gefühlte, sondern gehaltlose des quantitativen Mehrwerdens, des

Verbesserns der Maschinen, des Ersatzes des Verschlissenen an Menschen und Material.

Dieser Gegensatz ist heute aufgebrochen, so als ob substantielle Gemeinschaft und technische Gesellschaft sich ausschlössen. Aber er ist von jeher da gewesen in der Spannung von traditionellem Wiederholen und rationalem Verändern, von im technischen Sinne gedankenlosem Sichfügen und von planmäßigem verbesserndem Denken. Es handelt sich um eine Polarität, die als Ganzes zum Menschen gehört. Wenn eine Seite überwiegt, so bedeutet das auch für diese einen Mangel. Das nur Substantielle wird als Weltwirklichkeit dürftig, bleibt hilflos in der Natur, ohnmächtig. Das nur Geplante gibt zwar gewaltige Macht, aber mit der Tendenz, den Menschen, für den diese Macht Sinn hätte, zum Erlöschen zu bringen. Wo der Mensch der substantiellen Gemeinschaft in Hilflosigkeit gegenüber der Natur, in Not und erschöpfender Arbeit sich verloren fühlt, ergreift er enthusiastisch die technische Welt im mechanischen Kollektiv, zunächst nichts als Befreiung erblickend. Wo aber der Mensch von diesem technischen Kollektiv sich aufgerieben fühlt, wo er nicht mehr atmen kann, sehnt er sich nach der substantiellen Gemeinschaft.

Wir haben, sehr vereinfachend, gesehen: Der Mensch gehört einer zweifachen Polarität an, der vom Einzelnen und Kollektiv, und innerhalb des Kollektiven der von substantieller Gemeinschaft und planender technischer Gesellschaft.

Das Wesen des Menschen steigt mit der Fülle der in Gemeinschaft gegenwärtigen Substanz, von der auch die schöpferische Persönlichkeit der, im Widerhall sich selbst erkennende, Repräsentant ist. Die Macht des Menschen aber steigt mit der durch Plan unter Mitarbeit aller gewonnenen Herrschaft über die Natur durch Produktion der technischen Umwelt. Doch jenes Wesen und diese Macht fallen nicht zusammen. Das Wesen hat Kraft in der Welt nur durch die Macht; die Macht hat Sinn und Befriedigung nur durch das Wesen.

Die Bewegungsrichtung in den beiden Polaritäten scheint nun heute eine Tendenz zu haben, die alles versinken läßt zugunsten des einen technischen Apparats. Was das Spezifische der modernen Technik gegenüber aller früheren Technik ist, kann hier nicht beiläufig erörtert werden. Es muß genügen, zu wissen, daß hier etwas historisch schlechthin Neues, aber erst seit zweihundert Jahren zunächst langsam, schnell seit hundert Jahren, reißend schnell seit achtzig Jahren wirklich geworden ist. In dieser Wirklichkeit liegt der Grund des Zerreißens der Polaritäten: von Einzelnem und Gemeinschaft, von Gemeinschaft und Gesellschaft.

Im Extrem verschwindet die Gemeinschaft zugunsten der alle vergewaltigenden, aber nicht durchseelenden Maschinerie. Von dem reichen, lebendigen Kollektiv, in dem der Mensch sich selber fand, ist nur noch der Betrieb geblieben, in dem er Funktion, ersetzbar und als er selbst überflüssig ist. Selbstverlust und Gemeinschaftsverlust gehören zusammen, wo der technische Apparat zugleich im Äußeren die unerbittliche Arbeitsordnung und im Inneren der Menschen das Chaos erzeugt.

Das ist sichtbar besonders an den Grenzen. Einerseits werden die zu mörderischem Verbrauchtwerden verurteilten Zwangsarbeiter in Konzentrationslagern zu unmenschlichem Dasein bloßer Kreatur vergewaltigt. Andrerseits werden die durch Schutz der Arbeit und Verkürzung der Arbeitszeit freien Menschen ratlos, da sie wegen verlorener Gemeinschaft nicht mehr sie selbst werden und daher nichts mit sich anfangen können. Allein durch kollektive Gestaltung der Freizeit werden sie von ihrer leeren Freiheit erlöst. Aus dem Arbeitsbetrieb gelangen sie in den anderen Betrieb des Vergnügens.

*

Solche Schilderungen sind Konstruktionen. In Wirklichkeit kommt es nur an Grenzen so weit. Diese Konstruktionen sind wie alles bisher Vorgetragene bloße Betrachtung. Wir sehen nur zu, was geschieht. Diese Haltung des Erkennens hat aber dort ihre Grenze, wo der Gegenstand der Erkenntnis wir selber sind. Wir erkennen uns nicht wie Naturvorgänge, die ablaufen, gleichgültig, ob wir sie erkennen oder nicht, sondern wie wir unser Dasein erkennen, das wirkt ein auf uns selbst und die Ereignisse. Wir sind immer mehr, als wir von uns erkennen. Und dieses Mehr ist nicht ein dunkler Hintergrund, nicht ein trübes Unbewußtes, sondern es ist unsere Freiheit, das Hellste, wenn auch gegenständlich ganz und gar nicht Erkannte, das wir selbst sind. Es liegt an uns, was wir tun.

Erkenntnis unserer selbst, wenn sie sich der Naturerkenntnis gleichsetzt, hat die Tendenz, unser Handeln in bezug auf uns selbst von einem imaginären Punkt außerhalb, einem vermeintlichen Wissen von dem, was notwendig mit uns geschieht, zu lenken. Das bedeutet aber in Wirklichkeit, uns vom Handeln zu entlasten, das eigentliche Handeln aufzugeben, uns von der Freiheit zu befreien zugunsten einer vermeintlich erkannten Notwendigkeit.

Die Folge ist, daß wir entweder von jenem imaginären Punkt außerhalb her unsere Allmacht behaupten oder darin stehend unsere Ohnmacht. Alles, was als Erkenntnis in einem relativen Sinn genommen wird, und wovon wir einige Schemata vortrugen – von Technik und Betrieb, die das, was früher Staat, Familie, politische Freiheit war, und den Einzelnen verzehren –, dient dann dazu, der Verzweiflung die Argumente an die Hand zu geben, die eigene mögliche Initiative zu lähmen, sich selbst preiszugeben in Erwartung des scheinbar Unabänderlichen.

Zur Erlösung bieten sich moderne Mythen an, die das Schreckliche verklären und damit zu einem Herrlichen machen.

Es wird der neue, unpersönliche, von der Idee des technischen Daseins geprägte Mensch gesehen. Dieser weiß sich als Typus, nicht als Einzelnen, als unüberbietbare Geschicklichkeit und Sicherheit seines Funktionierens, als gehorsam, weil ohne jedes Begehren eines privaten Daseins, als groß und allem Persönlichen überlegen, weil es sein Bewußtsein steigert, durch andere beliebig ersetzbar zu sein. Er verabscheut die Einsamkeit, lebt bei offenen Türen, kennt keinen Raum für sich, ist stets zur Verfügung, immer wirkend und immer gehalten vom Typus, zwar verloren, wenn allein sich selbst überlassen, aber unverwüstlich, weil die, die an seine Stelle treten, ständig nachwachsen. Persönlichkeit ist ein altmodischer, lächerlich gewordener Begriff. Das Typussein gibt Stärke, Zufriedenheit und das Bewußtsein der Vollendung.

Es gibt andere moderne Mythen, die in der Preisgabe des Selbstseins die große sittliche Tat sehen: So den Mythus von der fortschrittlichen Bewegung der Geschichte, ihrer unerbittlichen Notwendigkeit, der bedingungslos sich aufzuopfern das Glück des Daseins, weil das allein Sinnvolle, ist. Der Einzelne hat keinen Wert außer im Dienste der Geschichte, gegen deren kolossalen Gang sich zu sträuben die Vernichtung als eines Kranken bedeutet. Dieser Geschichtsgang kann gedacht werden als der ökonomische Arbeitsprozeß auf die vollendete Ordnung des sich nunmehr erhaltenden Ganzen hin, oder als der Rassenprozeß auf die reine, gesunde, vollendete Rasse hin, oder als das Leben der Nation, deren Vorteil der absolute Maßstab ist, auf das Ziel eines einzigen, auserwählten Volkes hin, dem alle anderen sich anverwandeln, oder das über die anderen herrscht.

Hier liegt die große Entscheidung jedes Menschen. Jene Mythen sind falsche Mythen, ohne Wirklichkeit einer Transzendenz, Irrlichter auf dem Wege zu zeitlicher und ewiger Vernichtung des Menschen. Sie verdecken die Realität, erzeugen vorübergehende, scheinbar gewaltige, aber sich in Nichts auflösende Realitäten in totalitären Staatsgebilden. Jene Mythen sind falsch, weil sie das verhindern, worauf es für die Verwirklichung des Menschen ankommt: das klare Denken, die vernünftige Prüfung, den verantwortlichen Weg in die Zukunft. Die jenen Mythen folgenden Menschen erschrecken uns. Sie blicken uns eigentlich nicht an, sondern wenden uns in ihrem stechenden Blick oder in der Blicklosigkeit ihre leeren Augen zu. Sie sind als sie selbst gar nicht da. Es redet durch sie, sie selbst sprechen nicht. Es ist eine Gewaltsamkeit des Fraglosen oder ein Lächeln der Geläufigkeit. Es bietet sich eine jederzeit austauschbare, persönlich gänzlich unzuverlässige Kameradschaft an. Man unterwirft sich im Terror dem, was als Linie befohlen wird, oder in der Konvention dem, was alle tun und zu glauben scheinen.

Die Einsicht in die Falschheit jener Mythen ist zwar zwingend, soweit die Mythen Erkenntnis zu sein vorgeben. Ihr Charakter als Chiffer des Seins aber, mit dem als dem eigentlich Wirklichen gelebt wird, ist nur durch die existentielle Entscheidung des Einzelnen zu ergreifen oder zu verwerfen. Der eine spürt sofort, daß er im Glauben an sie auf den Weg des Bösen gerät. Der andere ist hingerissen von ihnen als wie von seinem eigentlichen Leben. Es ist die Entscheidung, ob der Einzelne sich selbst preisgibt oder er selbst sein will. Hier handelt es sich zunächst um geistigen, dann um den gewaltsamen Daseinskampf. Die Träger jener Mythen sind von vornherein gewillt, zur Gewalt zu greifen.

Auf der einen Seite steht die Welt, die grundsätzlich den Einzelnen restlos verzehrt in das Kollektiv, das einem totalen Plan untersteht, dem Mythus in Gestalt einer Pseudowissenschaft. – Auf der anderen Seite steht die Welt, deren Gang nicht vorweg übersehen, daher auch niemals als Totalplan in die Hand genommen werden kann. Sie gibt grundsätzlich den Einzelnen zu spontaner Entfaltung frei. Und sie ist auf die Initiative der Einzelnen angewiesen, auf jene seltenen, einsichtigen, verläßlichen, verantwortlichen Menschen, die, gerade weil politische Freiheit als Zustand aller hervorgebracht werden soll, die Chance haben.

Denn mag das Verhalten der Mehrzahl ein gewaltiger Druck für den Gang der Ereignisse sein, jederzeit sind doch wenige Menschen entscheidend. Was ein einziger Mann vermag, ist nicht abzusehen, wenn er an der Stelle steht, wo er das Steuer in der Hand hat. Krieg und Frieden und der Gang der Dinge können wesentlich durch ihn bestimmt sein, aber wiederum nur so, daß er ergreift, was Massen wollen, wenn es ihnen gesagt wird und wenn sie es sehen.

Und wie im Großen, so im Kleinen: Früher war es eine Elite im Sinne von Stand, heute ist es eine soziologisch nicht mehr bestimmbare Auswahl Einzelner, die sich selber wählen. Jeder zum Beispiel kann Ehe und Familie ernst nehmen, Treue, Verantwortung, Einverständnis, das Glück des Füreinander, des Geborgenseins in der Herkunft, die Instanz des Rechten in ihr finden, – trotz der Statistiken über den Zerfall der Familie und der Schilderungen über deren Verwahrlosung. Wenn der Kinsey-Report den Tatbestand aufweist, daß in Amerika 75% der Männer nach außerehelichem Geschlechtsverkehr begehren und 50% ihn auch haben, so ist die Statistik weder Ausdruck einer Norm des Seindürfenden oder Seinsollenden, noch Feststellung dessen, was »natürlich« für den Menschen sei.

Wenn politische Abstimmungen erfolgen, so ist die Mehrheit nicht die Stimme Gottes, sondern eine technische Funktion für die augenblickliche Willensbildung, in der Folge korrigierbar. Das Kennzeichnen der Demokratie ist, daß man Achtung für die Minderheiten hat. Es ist nicht selten, daß die Besten in der Minderheit sind. Jederzeit besteht die Menschheit dadurch, daß eine Minderheit durch höheren Rang ihrer Normen und ihrer Wirklichkeit anderen zum Vorbild dient. Menschen, die das Rechte tun und sind, üben einen Einfluß, der um so größer ist, je weniger er gewollt ist.

Daher geht in der großen Tendenz des Zeitalters, in diesem Verzehrtwerden der alten Polaritäten des Einzelnen und der Gemeinschaft, der substantiellen Gemeinschaft und der rationalen Gesellschaft, der große Appell an den Einzelnen. Denn in allem Ruin bleibt die Möglichkeit des Menschen selbst. Von Einzelnen, ob in der Öffentlichkeit oder der Verborgenheit, kann allein die Neubildung eigentlicher Gemeinschaft ausgehen, die die technische Betriebswelt einst vielleicht wieder durchseelen wird.

Es ist nicht wahr, daß der Einzelne verschwunden sei. Es ist nicht wahr, daß er unter schrecklichen, äußersten Bedingungen mit Notwendigkeit ganz und gar verlorengehen müsse. Es hat sich erwiesen, daß in der Welt des Totalitarismus Einzelne einen inneren Panzer umlegen, keineswegs den Täuschungen verfallen, verborgen aber entschieden urteilen, den falschen Göttern keinen Glauben schenken.

Aber der Einzelne bleibt auch da er selbst nur mit dem Anderen. Aus dem in den Riesenapparat des Terrors abgesunkenen Kollektiv kann er wieder Ursprung echter Gemeinschaft werden. In der Verlorenheit gilt das Nietzsche-Wort: Die Wahrheit beginnt zu zweien. Es stehen nicht mehr Parteien gegeneinander, sie sind zu bloßen Schemen geworden, sondern Substanz gegen Substanzlosigkeit. Dem Einzelnen wird Außerordentliches aufgeladen, nur im Verborgensten lebt noch der Mensch, der die Zukunft trägt und der gegenwärtig als Selbstsein die Ewigkeit des Wahren spürt.

Jedes Problem des Menschen steht heute im Schatten der Untergangsdrohung. Denn nun ist, was Jesus und die Urchristen irrtümlich erwarteten, der Weltuntergang, zur real gewordenen Perspektive der Selbstvernichtung der Menschheit geworden – zwar nicht als Weltuntergang, aber als Vernichtung des Lebens auf der Erde. Es sieht aus, als ob dem Menschen die Wirkungsmöglichkeiten seiner technischen Schöpfung aus der Hand seiner Berechnungen glitten. Der gegenwärtige Schritt der Technik ist wie der am Anfang, als die Feuerentzündung gefunden wurde. Aber eine Feuersbrunst war nur im Besonderen, nicht im Ganzen vernichtend. Eine Energiebrunst wäre total vernichtend.

Die einen reagieren gedankenlos, als ob es sie nichts anginge. Andere überlassen sich dem Klagen.

Wohl wird es sehr wichtig sein, daß man Verträge macht, und daß man Einrichtungen trifft, die das äußerste Unheil verhüten sollen. Aber all das würde doch eines Tages versagen, wenn die Menschen nicht da sind, deren Verantwortung den Gang der Dinge hält.

Wenn nicht alle, wenn nicht viele, wenn nicht einige Einzelne, deren Dasein vorbildlich wirkt, den Gang der Dinge tragen, dann wird das Ende in wenigen Jahrzehnten gewiß sein. Wenn aber der Mensch als Einzelner sich behauptet, darf er hoffen, mit der ihm wieder neu werdenden Gemeinschaft dem Untergang der Menschheit zu widerstehen, aber vielleicht nur so, daß er sittlich-politisch ein Anderer wird in dem Maße, daß es wie eine Umkehr ist.

Zu dieser Ausgabe

»Über Gefahren und Chancen der Freiheit« wurde für den Kongress für kulturelle Freiheit in Berlin im Juni 1950 verfasst. Die Erstveröffentlichung erfolgte in: Der Monat. Eine internationale Zeitschrift 2 (1949/50) Nr. 22–23. S. 396–406. Der Text wird wiedergegeben nach:

> Karl Jaspers: Das Wagnis der Freiheit. Gesammelte Aufsätze zur Philosophie. Hrsg. von Hans Saner. München: Piper, 1996. S. 128–145.

»Das Kollektiv und der Einzelne« wurde als Radiovortrag im Rahmen der Sendereihe »Mensch und Menschlichkeit« des Süddeutschen Rundfunks 1956 gehalten. Erstmals abgedruckt wurde der Vortrag in dem Sammelband: Mensch und Menschlichkeit. Eine Vortragsreihe mit Beiträgen von Paul Althaus u. a. Stuttgart: Kröner, 1956. S. 65–76. (Kröners Taschenausgaben 243.) Der Text wird wiedergegeben nach:

> Karl Jaspers: Das Wagnis der Freiheit. Gesammelte Aufsätze zur Philosophie. Hrsg. von Hans Saner. München: Piper, 1996. S. 173–180.

Der Abdruck beider Texte erfolgt mit freundlicher Genehmigung des Piper Verlags.

Karl Jaspers und die Faktizität der existentiellen Freiheit

Von Hamid Reza Yousefi

Vorbemerkung

Karl Jaspers gilt als einer der bedeutendsten Philosophen des 20. Jahrhunderts. Im Zentrum seiner Philosophie steht der Mensch mit seinem Selbst- und Weltverhältnis. Nach Jaspers ist Philosophie nur dann wesentlich, wenn sie den noch nicht zu seinem Bewusstsein erwachten, den dogmatisch nicht gebundenen Menschen unmittelbar anspricht. Dass Jaspers ›den Weg‹ sucht und unterwegs bleibt, um ›aus dem Ende der zentristischen Philosophie Europas in eine kommende Weltphilosophie‹[1] zu gelangen, ist eine zwingende Folge der Erschütterungen des Ersten und Zweiten Weltkriegs. So ist Philosophie für Jaspers ein ständiges ›Auf-dem-Weg-sein‹ im Bewusstsein der Zeit, der Welt und der Geschichte. Als ein Denk- und Lebensweg geht Philosophie für Jaspers aber stets mit einer vielseitigen Kommunikation einher, die sich auf verschiedene Ebenen erstreckt: die Ebene des Interphilosophischen, die Ebene des Interreligiösen und die Ebene des Interpolitischen, mit denen eine intraperspektive Dimension korrespondiert.

1 Vgl. Hamid Reza Yousefi, *Interkulturalität und Geschichte. Perspektiven für eine globale Philosophie,* Reinbek b. Hamburg 2010, S. 12.

In diesem Diskurs ist Jaspers zielgerichtet unterwegs, um den philosophischen Geist in jedem Menschen zu erwecken und wach zu halten. Er philosophiert mit Menschen für Menschen und zeigt ihnen Wege, sich ihrer Existenz jederzeit denkend bewusst zu werden. Jaspers ist damit einer der wenigen Philosophen des 20. Jahrhunderts, der jenseits von Populismus und Gutmenschentum als ein Philosophievermittler innerhalb der Kulturen und zwischen ihnen auftritt. Insbesondere entfaltet er diesen Ansatz in Einführungsbüchern und Radiovorträgen durch eine allgemeinverständliche Sprache. Er möchte das breite Publikum ansprechen, ohne sich in philosophischen Spitzfindigkeiten zu verstricken, um die der häufig blutarme Streit innerhalb der Fakultäten kreist. Denn im Gewahrwerden der Existenz erfährt der Mensch Jaspers zufolge Erhellung und kann seinen Geist aus sich heraussetzen, um die Welt vertikal, im Sinne der Transzendenz, als Sein, das uns umfängt, wie horizontal, im Sinne der Immanenz, zu begreifen. In diesem Wirkungszusammenhang zeigt sich der Wechselbezug zwischen Freiheit und Transzendenz, die sich in Jaspers' Denken gegenseitig bedingen.

Bei dieser Korrelation ist Freiheit nur durch existentielle Erfahrung zu erlangen. Die denkende Entfaltung und gleichsam Erhellung dieser Freiheit ist ein zielorientierter Willensakt, der bei jedem Wesen und seinem Bezogensein auf die Transzendenz anders zur Geltung kommt. Hier zeigt sich, dass die Transzendenz auch ein fundamentales Moment des Willens darstellt. Darin liegt die ursprüngliche Sinnhaftigkeit der Freiheit überhaupt. Dieser Zugriff zeigt nicht nur die Anatomie des sozialen Bezogenseins des Menschen und die Gefahr seiner Zerrissenheit, sondern erschließt ihm auch neue Welten, in denen er sich unterschiedlich zu entfalten vermag. Doch worin gründet Jaspers' Aktualität? Insbesondere zeigt sich diese mit Blick auf die Gefahren und Chancen der Freiheit sowie die Korrelation zwischen dem Kollektiven und dem Individuellen, die in Jaspers' theoretischem und praktischem Denken zu verorten sind.

Arzt und Weltphilosoph im Strudel der Zeit

Karl Jaspers wird am 23. Februar 1883 in Oldenburg geboren. Er stammt aus einem liberalen Elternhaus. Seit seiner Jugend kollidiert er mit den immer mehr erstarrenden Konventionen, die sich im deutschen Kaiserreich etabliert haben.[2] Jaspers, der seit jungen Jahren an Bronchiektasen leidet und in seiner physischen Leistungsfähigkeit eingeschränkt ist, entspricht körperlich nicht dem Ideal jener Zeit. Weil er den Militarismus verwirft, gerät er früh in eine Außenseiterrolle, die er ein Leben lang beibehalten wird – von seiner ersten Berufswahl her ein Psychiater, der aber in der Philosophie reüssiert, später ein Philosoph, der sich in der Politik als hellsichtiger und unabhängiger Denker einen Namen macht.

Jaspers nimmt 1902 sein Medizinstudium auf, das er 1909 mit einer Dissertation über »Heimweh und Verbrechen« abschließt. Bekannt wird er mit einem Schlag 1913 mit dem Werk *Allgemeine Psychopathologie*. Bahnbre-

2 Vgl. Karl Jaspers, *Philosophische Autobiographie*, erw. Neuausg., München 1953.

chend ist die Systematik, mit der Jaspers Begriffe, Phänomene und Methoden der Psychiatrie systematisch gliedert und auf diese Weise maßgeblich dazu beiträgt, die Psychopathologie als Fachwissenschaft zu begründen. Zudem geht Jaspers neue Denk- und Therapiewege, indem er postuliert, das Seelische könne nicht erklärt, sondern nur verstanden werden, und zwar mittels eines empathischen Zugangs zu der Gedankenwelt des Patienten.[3] Diese Technik, die er später auch in weitere Wissenschaftszweige integrieren wird, nennt er ›existentielle Kommunikation‹.[4]

Trotz des Erfolges in der Psychopathologie zieht es Jaspers zu einer anderen, grundsätzlicheren Materie. Der schon immer an Philosophie Interessierte erhält 1922 in Heidelberg einen philosophischen Lehrstuhl. Was er allerdings verwirft, ist die sogenannte ›Professorenphilosophie‹, die zu jener Zeit von vielen Studierenden als blutarm und theoretisch empfunden wird. Mit seinem 1932 erschienenen Werk *Philosophie* verweist er erneut auf das kommunikative Wesen der menschlichen Existenz.[5] Den Philosophiebegriff in all seinen Dimensionen betrachtet Jaspers schließlich in *Philosophie I: Philosophische Weltorientierung* (1932), *Philosophie II: Existenzerhellung* (1932) und *Philosophie III: Metaphysik* (1932). Mit diesem Ansatz

3 Vgl. Karl Jaspers, *Allgemeine Psychopathologie. Ein Leitfaden für Studierende, Ärzte und Psychologen*, Heidelberg 1913.

4 Vgl. Karl Jaspers, *Philosophie.* Bd. I: *Philosophische Weltorientierung*, Berlin 1932.

5 Vgl. Karl Jaspers, *Philosophie.* 3 Bde: Bd. I: *Philosophische Weltorientierung*, Bd. II: *Existenzerhellung*, Bd. III: *Metaphysik*, Berlin 1932.

bleibt Jaspers zeit seines Lebens seiner Philosophie treu, die er aus dem Weltgrund der Ur-Sehnsucht schöpft.[6]

Eine tragische und gefahrenvolle Zeit bricht über Jaspers mit der Machtübergabe an die Nationalsozialisten herein, in der er und seine Ehefrau, die Jüdin Gertrud Jaspers-Mayer, um ihr Leben fürchten müssen. Er gilt als ›jüdisch versippt‹ und schließt eine Scheidung von seiner Frau kategorisch aus, weshalb er 1932 zwangspensioniert wird. Das Ehepaar lebt äußerst zurückgezogen in Heidelberg und ist in ständiger Furcht vor Verhaftung, Ermordung oder Deportation. Dennoch gelingt es Jaspers, sein Denken gemeinsam mit seiner Frau Gertrud weiterzuentwickeln. Ihre Bedeutung für sein Werk und auch für sein Leben kann nicht hoch genug eingeschätzt werden. Mit ihr befindet er sich in der von ihm entwickelten ›existentiellen Kommunikation‹.

Viele seiner Werke kann Jaspers schließlich erst nach dem Zweiten Weltkrieg veröffentlichen. 1946 wird er rehabilitiert und trägt erheblich zur Neugründung der Universität Heidelberg bei, wo er seine Lehrtätigkeit mit einer epochemachenden Vorlesung über ›Die Schuldfrage‹ aufnimmt. Ein wesentliches Thema wird für ihn die Frage nach ›Wahrheit‹. In *Von der Wahrheit* (1947) stellt er die These auf, allein die Vernunft halte die verschiedenen Weisen des Seins zusammen.

Über die Medizin und Philosophie hinaus beschäftigt sich Jaspers immer mehr mit politischen Zusammenhän-

6 Vgl. Hamid Reza Yousefi, *Einführung in die islamische Philosophie. Eine Geschichte des Denkens von den Anfängen bis zur Gegenwart*, 2., überarbeitete Aufl., Paderborn 2016.

gen und legt auch hier eine Reihe wichtiger Schriften vor. Parteipolitisch bleibt er aber neutral. Schon 1931 referiert er in *Die geistige Situation der Zeit* zu unterschiedlichen Tendenzen wie Nivellierung und Anonymisierung, dem blinden Glauben an technischen Fortschritt und insbesondere dem Persönlichkeitsverlust durch die Anpassung an das Massenverhalten. Nach der schreckenerregenden Phase des Dritten Reiches und des Krieges wendet sich Jaspers 1946 der jüngsten deutschen Vergangenheit zu und unterscheidet in *Die Schuldfrage* unterschiedliche Arten von Schuld: kriminelle, politische, moralische und metaphysische Schuld. Dabei verwirft er die praktizierte Verdrängung der NS-Gräueltaten und wendet sich gleichsam gegen die Idee einer Kollektivschuld, da immer nur der Einzelne schuldig werden könne, nicht aber ein ganzes Volk. Zudem entwickelt Jaspers konkrete Vorstellungen von einer Modernisierung und Demokratisierung Deutschlands sowie von einer Forschung und Lehre, die der Freiheit des Denkens einen gebührenden Platz einräumt.

Von der Entwicklung der politischen Verhältnisse im Nachkriegsdeutschland unter dem Diktum der Siegermächte wird Jaspers aber schließlich enttäuscht. Nicht zuletzt, weil er mit seinen Auffassungen einer politisch vernachlässigten intellektuellen Minderheit angehört, folgt er 1948 einem Ruf an die Universität Basel und nimmt später die Schweizer Staatsbürgerschaft an, beschäftigt sich aber weiterhin mit den politischen Zuständen in Deutschland. Bedeutende Spätwerke auf diesem Gebiet sind *Die Atombombe und die Zukunft des Menschen* (1958) wie auch *Wohin treibt die Bundesrepublik? Tatsachen – Gefahren – Chancen* (1966). In Ersterem wendet sich Jaspers gegen die fortschreitende Blockbildung der politischen Großmächte, welche die kleinen Staaten in ihre Machenschaften einbeziehen,[7] in Letzterem fordert er mehr direkte Demokratie und warnt vor einer ›Parteienoligarchie‹.

Betrachten wir Jaspers' Denkentwicklung von dem Frühwerk *Allgemeine Psychopathologie* (1913) bis hin zu seinem Alterswerk *Der philosophische Glaube angesichts der Offenbarung* (1962), so können wir einen immer stärkeren Übergang von der europäischen, sich verabsolutierenden und für universal haltenden Philosophie in eine bereits angelegte Weltphilosophie feststellen. Hier kommen Zarathustra, Buddha, Konfuzius, Lao-tse oder Nāgārjuna, um nur einige Namen zu nennen, mit eigenen historischen Diskursbeiträgen und Lösungsansätzen als gleichberechtigte Partner zusammen, die sich gegenseitig bereichern, kritisch würdigen und weiterführen.

Karl Jaspers schließt nach einem erfüllten und überaus produktiven Leben am 26. Februar 1969 in Basel für immer die Augen. Er wird auf dem Friedhof am Hörnli in Basel beigesetzt.

Grundbegriffe seines Denkens

Karl Jaspers' Erbe ist nicht nur zeitüberdauernd und philosophiegeschichtlich aktuell, sondern gleichsam eine Fundgrube für alle, die einen Einblick in die Innenwelt des Denkens und der Existenz gewinnen wollen. Das spezifische

7 Vgl. Karl Jaspers, *Weltgeschichte der Philosophie.* Einleitung. Aus dem Nachlaß hrsg. von Hans Saner, München 1982, S. 159.

und weltphilosophisch weiterführende Element des großen Jaspers'schen Werks besteht darin, dass es nicht nur für Philosophen gedacht und verfasst ist. Jaspers will ein existentielles Bezogensein im Denken seiner Leser aus allen gesellschaftlichen Schichten erwecken, um den Menschen aus seiner Lethargie zu rütteln. Er ist derjenige bedeutende Weltphilosoph des 20. Jahrhunderts, der mit seinen Grundbegriffen ein daseinsgekoppeltes Menschenbild und damit die enge Verknüpfung von Welt- und Selbstverhältnis begründet. In Orientierung an Immanuel Kant entfaltet er an maßgeblichen Topoi einen Weltbegriff der Philosophie. Es handelt sich um programmatische Grundpositionen wie ›Wahrheit‹, ›Vernunft‹, ›Grenzsituation‹, ›Kommunikation‹, ›philosophischer Glaube‹, ›Chiffren der Transzendenz‹, ›Kategorie des Bösen‹, ›Psychologie der Weltanschauung‹, ›Gehäuse‹, ›Wissenschaft‹, ›philosophische Logik‹, ›Problem der Sprache‹, ›Psychopathologie und Psychologie‹, ›Psychotherapie‹, ›Ethik‹, ›Einsamkeit‹, ›Idee der Universität‹, ›Erziehung‹ und ›Hypothese der Achsenzeit‹ sowie ›philosophia perennis‹, ›der Einzelne und das Kollektiv‹.[8] Eine Analyse dieser Grundbegriffe zeigt, dass sie im Sinne eines logisch-semantischen Netzwerks begrifflicher Zusammenhänge engmaschig miteinander verwoben sind.

Ein Zentrum dieser Begriffsapparate ist die ›Freiheit‹, die auf eine anthropologische Konstante verweist. Sie ist zweckfrei und geht allen Handlungen des Menschen und seinen Denkformaten voraus. Freiheit ist für Jaspers immer existentiell und daher unmittelbar an das Leben gekoppelt.

8 Vgl. Hamid Reza Yousefi [u. a.] (Hrsg.), *Karl Jaspers. Grundbegriffe seines Denkens*, Reinbek b. Hamburg 2011.

Dies macht er in einem autobiographischen Abriss seiner Philosophie deutlich.[9] Jaspers zeigt anhand der erschütternden Erfahrungen seines Lebens, dass Philosophie und damit auch existentielle Freiheit notwendig mit dem Leben und der Transzendenz zu tun haben, dass sie von hier ihren Ausgangspunkt nehmen.

Das existentielle Freiheitsverständnis von Jaspers ist auf philosophischer Ebene ein Ausdruck der Möglichkeit des Menschen, seine Existenz zu sein, in der er sich und sein Selbst bewusst wahrnimmt und feststellt, dass er mehr ist, als er für sich prima facie wahrnehmen und einlösen kann. Indem er den Fluss der Freiheit im Leben freilegt, zeigt Jaspers, dass der Mensch in Antinomien des Daseins steht und sich selbst verantworten muss. Um seine Philosophie kreisen Selbstverantwortung, Freiheit und Kommunikation, verbunden mit einer alles umgreifenden Transzendenz. Mit der Kommunikation als Bedingung der Freiheitsverwirklichung übersetzt sie Jaspers ins Politische und betrachtet, dass das Frei-Sein des einen mit dem des anderen zusammenfällt. Rechtsstaatlichkeit und Toleranz sind daher zwei Voraussetzungen der Freiheitsentfaltung einzelner Menschen.

Der offene Begriff der existentiellen ›Freiheit‹ und die Frage nach dem Kollektiv und dem Einzelnen sind wegen der Diversität an politischen Meinungen und Gesinnungen stets Gefahren ausgesetzt und deshalb immer neu zu erringen. Das Wagnis der Freiheit und alles, was dazugehört, erhält seine praktischen Entfaltungsmöglichkeiten in der Wechselwirkung von Existenz, Transzendenz und Ver-

9 Vgl. Karl Jaspers, *Philosophische Autobiographie*, München 1953.

nunft als uneingeschränktem Kommunikationswillen. Mit seiner Existenzphilosophie begründet Jaspers eine theoretische wie praktische Ethik, um seinen Forderungen für die Verwirklichung einer existentiellen Kommunikation im Zusammenhang mit der in seinem Œuvre entfalteten Weltphilosophie einen kontextvielfältigen Raum zu schaffen. Jaspers' programmatische Schriften »Über Gefahren und Chancen der Freiheit«, im Juni 1950 aus Anlass des Kongresses für kulturelle Freiheit verfasst, und »Das Kollektiv und der Einzelne«,[10] im Juli 1956 als Radiovortrag im Rahmen der Sendereihe »Mensch und Menschlichkeit« des Süddeutschen Rundfunks gehalten, illustrieren seine Überlegungen zu diesem Themenkomplex exemplarisch. Betrachten wir zunächst das Kollektive und den Einzelnen.

Der Einzelne und die Gesellschaft

Die Überlegungen zum Kollektiv und dem Einzelnen leitet Jaspers mit der Frage ein, ob es in der Massengesellschaft noch Individualität gebe und ob sich der Einzelne in einer solchen Gesellschaft behaupten könne. Ausgehend davon, dass der Mensch ein einzelner im Ganzen ist, sieht Jaspers das Menschwerden des Neugeborenen in der Überlieferung und Erziehung, die ihm zuteil wird. Weil sich der Mensch seines Daseins im Vergleich zu den übrigen Wesen in der Natur bewusst ist und eine Geschichte hat, ist sein Verhältnis zu anderen in der Gesellschaft »nicht in eine

10 Zur Veröffentlichung dieser beiden Essays siehe hier das Kapitel »Zu dieser Ausgabe«.

vollendete Form« (S. 34) zu bringen. Dies gelte insbesondere im Zeitalter der technischen Naturbeherrschung, mit der sich auch die Grundbeziehung beider in rasanter Geschwindigkeit wandle.

Die durch Kommunikation zwischen den Einzelnen errichtete Gesellschaft sei derart konstituiert und gewachsen und durch die technischen Errungenschaften weiterentwickelt worden, dass sie jeden Menschen ausnahmslos beliebig ersetzen könne, ohne davon unmittelbar betroffen zu sein. Das Menschsein erweist sich als eine ersetzbare Funktion und Mittel zum Zweck im Kollektivum. Dabei geht es darum, dass der Mensch sich durch das gewonnene Bezogensein stets als Teil der Gesellschaft wahrnimmt, ohne seine Individuation zu vernachlässigen. An diesem Wendepunkt wandelt sich jedoch das Bewusstsein der Menschen. Unsere westlichen Gesellschaften sind inzwischen überaus individualistisch orientiert. Dass eine solche Entwicklung aber Selbstverliebtheit und erbitterte Konkurrenz nach sich zieht, wird oft vernachlässigt.[11] Die technischen Errungenschaften lösen das Welt- und Selbstverhältnis größtenteils, und damit verliert der Mensch sein Bezogensein zur Natur und der ewigen Ordnung der Dinge. Wir sprechen fortan von Individuum und Gesellschaft, die sich gegenseitig bedingen. Der Mensch bringt Gesellschaft und soziale Ordnung hervor, steht aber gleichsam unter dem Diktum dieser Ordnung, die ihn jederzeit ersetzbar macht.

11 Es ist diese Konkurrenz, die in Form von Feindbildern und Verteufelungsdiskursen zur Entwicklung des Bösen im Menschen beiträgt. Ein Thema, auf das ich hier allerdings nicht näher eingehen kann. Vgl. hierzu etwa: Hamid Reza Yousefi, *Entmythologisierung des Bösen. Eine kontextuelle Perspektive*, im Entstehen.

Der moderne Mensch in seiner Allmachtsbehauptung und seinem Wissenschaftswahn bewegt sich in einer Bipolarität. Er ist ein Einzelner und gleichsam Teil eines Kollektivs, wobei er innerhalb dieses Kollektivums teilhat an einer substantiellen Gemeinschaft oder einer planenden technischen Gesellschaft. Der Mensch der substantiellen Gemeinschaft, der gegenüber den Einflüssen der Welt hilflos gewesen war, hat, wie Jaspers hervorhebt, schon immer nach dem technischen Kollektiv gegriffen. Jaspers artikuliert zu Recht das Unbehagen, die technische Gesellschaft könne alles verschlingen: »Von dem reichen, lebendigen Kollektiv, in dem der Mensch sich selber fand, ist nur noch der Betrieb geblieben, in dem er Funktion, ersetzbar und als er selbst überflüssig ist« (S. 37). Dies habe im Inneren des Menschen Chaos, Zerrissenheit und eine vieldimensionierte Entfremdung erzeugt.

Der moderne Mensch verliert seinen Bezug zur Transzendenz und vergisst, dass er mehr ist, als er von sich erkennt und realisiert. Es handelt sich bei dieser Differenz um seine existentielle Freiheit. Unter dem Deckmantel der Entmythologisierung des Vergangenen erfindet er sich moderne Mythen, wie den neuen unpersönlichen Menschen, der sich »als Typus, nicht als Einzelnen« (S. 39) wahrnimmt, ohne zu merken, dass er jederzeit ersetzbar ist. Dieses Typus-Sein gebe »Stärke, Zufriedenheit und das Bewusstsein der Vollendung« (S. 39). Ein anderer Mythos »von der fortschrittlichen Bewegung der Geschichte« (S. 39) messe dem Einzelnen nur den Wert zu, den er im Dienst der Geschichte habe, selbst wenn es verwerflich wie ein »Rassenprozeß auf die reine, gesunde, vollendete Rasse hin« (S. 40) sei. Jaspers bezeichnet solche Mythen als falsche Realitäten, insbesondere in totalitären Staatsgebilden, weil sie das verhindern, worauf es für die Verwirklichung des Menschseins ankommt: »das klare Denken, die vernünftige Prüfung, den verantwortlichen Weg in die Zukunft« (S. 40).

Jaspers exemplifiziert anhand einiger Beispiele Entscheidungen von Kollektiven, deren Ergebnisse nicht immer »eine Norm des Seindürfenden oder Seinsollenden« (S. 42) darstellen. Solche Ergebnisse verwirft er als nicht sinnvoll, verweist auf Minderheiten, vor denen man in der Demokratie Achtung habe (S. 42), und appelliert an den Einzelnen: »Von Einzelnen, ob in der Öffentlichkeit oder der Verborgenheit, kann allein die Neubildung eigentlicher Gemeinschaft ausgehen, die die technische Betriebswelt einst vielleicht wieder durchseelen wird« (S. 43). Es könne aus dem Kollektiv wieder ein Ursprung echter Gemeinschaft werden (S. 43).

In diesem Sinne seien es immer einige Einzelne, die dazu imstande wären, in sittlich-politischer Hinsicht die Welt zu retten. Dies gelte insbesondere für unser modernes Zeitalter, das die technischen Möglichkeiten bereithalte, die gesamte Welt zu vernichten.

Jaspers sieht mit großer Hellsichtigkeit voraus, dass der Mensch im Zuge der technischen Errungenschaften eine durchgehende Entindividualisierung erlebt und sein Bezogensein auf Transzendenz und die existentielle Freiheit verliert. Der Mensch lernt sich als modern zu betrachten und in sozialen Netzwerken als ein inselhaftes, atomistisches Individuum zu präsentieren. Dabei merkt er nicht, dass er zunehmend im Konsum versinkt und in der Gesellschaft nur noch als ein ersetzbares Wesen funktioniert.

Diese Tendenz macht den Menschen zum Spielball des Zeitgeists, dessen Player im Unsichtbaren bleiben. Er wird geführt, meint aber indes, selbst zu führen und Herr seiner ›Handlungen‹ und seines ›kritischen Denkens‹ zu sein.

Was ist Freiheit? Eine Begriffsbestimmung

Jaspers' Verständnis von Individuum und Kollektiv beeinflusst seinen Freiheitsbegriff unmittelbar. Das zentrale Merkmal des Menschseins ist demnach die Selbstbestimmung, die sich in der Freiheit und im Horizont einer moralischen Dimension artikuliert. Existentielle Freiheit umfasst als »Signum der Existenz«[12] alle Daseinsbereiche des Menschen. Verantwortung und Kommunikation spielen dabei eine konstitutive Rolle. Von diesem Blickwinkel aus betrachtet, erweist sich Jaspers' Philosophie als eine Philosophie der existentiellen Freiheit, die sich auf drei Ebenen manifestiert:

- Eine existenzphilosophische Ebene, die sich im denkenden Gewahrwerden des Menschen und seines eigenen Selbstseins expliziert.[13]
- Eine politische Ebene, welche durch die Erfahrungen des Totalitarismus im Dritten Reich, durch die reale Situation des Menschen in der staatlich verfassten Gesellschaft und durch die Auflösungsgefahren des Menschen,

12 Karl Jaspers: *Der philosophische Glaube angesichts der Offenbarung*, München 1962, S. 156.

13 Karl Jaspers: *Rechenschaft und Ausblick. Reden und Aufsätze*, München 1951, S. 345.

wie sie in *Die Atombombe und die Zukunft des Menschen* (1958) und *Die Schuldfrage* (1946) zur Sprache kommt, getragen ist.
- Eine normative Ebene, die sich auf den Anwendungshorizont der Politik bezieht. Dies hat mit den Forderungen und dem Gefordert-Werden des Menschen und seinem Zusammenleben mit anderen in der Gesellschaft zu tun. Der Mensch bewegt sich dabei auf dem schmalen Grat zwischen Offenheit und Gehäusedenken, nach dem alles unaufhebbar dogmatisiert und verabsolutiert wird.

Mit der Korrelation von Freiheit und Transzendenz, als umgreifendes Sein, das uns umfängt, hebt Jaspers den Menschen aus der Natur hervor, um ihm eine humane Sonderstellung zu verleihen. In seiner Philosophie gebraucht er die Begriffe ›Gemeinschaft selbstseiender Wesen‹ und ›Hellwerden des Unbedingten‹ als Synonyme für Freiheit. Freiheit bedeutet für Jaspers in diesem Geiste »das Selbstdenken und das Handeln aus eigener Einsicht und damit die Führung des Lebens in der Kontinuität des eigenen Wesens« (S. 7). Auf dieses Fundament baut er auch das Verständnis seines politischen Freiheitsbegriffs auf, worunter er »den Zustand der Gemeinschaft« begreift, »in dem die Freiheit aller Einzelnen die größte Chance hat« (S. 7).

Dieser Sonderstellung sind die unantastbare Würde und die unveräußerlichen Rechte des Menschen immanent. Der Mensch ist in dieser Hinsicht sein Leben lang mit Freiheit ›von‹ und ›zu‹ etwas konfrontiert. Er ist existentiell frei von Zwängen, die ihn daran hindern, Macht zu erlangen, zu bewahren und zu mehren oder sich gemäß dieser Einsicht ein würdiges Dasein zu gestalten. Er ist aber existentiell ebenfalls frei, seinen Handlungsvollzug selbst zu bestimmen, auch wenn er dadurch seine Existenz in Gefahr bringen könnte.

Hindernisse der Freiheit

Eine ständige Gefährdung der Freiheit ist gegeben, weil viele Menschen nicht wirklich wissen, »was sie eigentlich wollen« (S. 7), und deshalb kein reflektiertes Leben führen, sondern eher gelenkt sind durch Suggestionen oder Nachahmungen, augenblickliche Lust und unerhellte Gewohnheiten. Doch das Denken wird zerstört, wenn die Freiheit preisgegeben wird. Der sogenannte moderne Mensch ist in Konsum versunken und verliert sein soziales Bezogensein und damit die Fähigkeit, selbst zu denken. Mit Jaspers könnte man etwa sagen, dass ein Mensch, der nicht selbst zu denken vermag, nicht mehr in der Lage ist, sich Ziele zu setzen, ohne dem Konsum ausgeliefert zu sein.

Freiheit ist für Jaspers nur in Gemeinschaft und aus der Kommunikation erreichbar, in der die Individuen auf wechselseitige Akzeptanz angewiesen sind. Dies macht eine gewisse Anpassung des Einzelnen im kollektiven Miteinander geradezu notwendig und fordert die Kommunikation des kritischen Denkens im Öffentlichen. »Das alltägliche Verhalten«, schreibt Jaspers, »in dem ein jeder durch Mitverantwortung zur Freiheit kommen soll, verbietet trotzigen Eigenwillen und sucht ihn aufzuheben im Miteinanderreden« (S. 16). Eine solche Wechselbeziehung zwischen individueller und kollektiver Freiheit bekommt dann eine Chance, realisiert zu werden, wenn jeder, der

Freiheiten für sich selbst beansprucht, auch anderen diese zugesteht.

Hier geht es nicht nur um die Meinungs- und Handlungsfreiheit, sondern auch um die äußerlichen, institutionellen Realisierungen von Freiheit, um Presse- und Religionsfreiheit. In religiösem Fanatismus und politischem Machtmissbrauch sowie in der Willkürpresse sieht Jaspers Hindernisse, welche die öffentliche Diskussion negativ beherrschen. Diese Überlegungen können heute ebensolche Geltung beanspruchen wie zu ihrer Entstehungszeit. Denn Jaspers fragt hier, wo die Grenzen zwischen der Wahrheitssuche, die Menschen verbindet, einerseits und Willkürhandlungen, die Menschen aufeinander hetzt, andererseits liegen. In diesem Zusammenhang ließe sich nach Jaspers darüber debattieren, wo die Grenzen der Pressefreiheit liegen, wer diese Grenzen bestimmt und warum.

Freie Öffentlichkeit wäre, sofern sie nicht der Suche nach Wahrheit verpflichtet ist, lediglich ein »zynisches Dirigieren der Massenmeinungen« und/oder »Verantwortungslosigkeit der Redenden und Schreibenden« (S. 9).

In kriegerischen Handlungen, in Form von imperialistischer Gewaltsamkeit, sieht Jaspers ebenfalls ein Hindernis der Freiheitsentfaltung, weil diese Freiheit als »das Werden des eigentlichen Menschseins [...] durch die Kommunikation im Wahren« (S. 12) zerstören. Er verweist gleichzeitig auf die Gewalt im Menschen, sich ohne Kriegsdrohung nicht behaupten und positionieren und damit nicht leben zu können.

Freiheit werde weiterhin oft eingeschränkt von Menschen, die sich aus »Erbarmen« oder »Ungeduld« (S. 10) um andere bemühten. Erbarmungsvoll kümmere man sich um solche, die ihre Angelegenheiten nicht selbst zu regeln vermögen; mit Ungeduld reagiere man auf die eigensinnige Willkür des Einzelnen, die zu brechen sei, um die Masse regieren zu können. Dies hält Jaspers für eine Retourkutsche »um den Preis, mit der Vernichtung der Freiheit *aller* auch die *eigene* Freiheit zu verlieren« (S. 11).

Möglichkeiten der Freiheit

Freiheitsentfaltung ist für Jaspers durch eine generationenübergreifende Regulierung der politischen Macht möglich, die aber jederzeit in Konflikt, Krieg oder andere Formen von Gewalttätigkeiten ausarten kann. Die Gefahr bestehe darin, dass »jede auf Wahrheit gegründete politische Macht die unbeschränkte öffentliche Diskussion« (S. 8) wolle, in der die denkende Mitwirkung aller in gesetzlichen Formen und/oder die Korrektur des Bestehenden durch die öffentliche Diskussion nur bedingt gefördert wird. Politisches Interagieren gründet sich für Jaspers auf Freiheit, die zur Freiheit spricht und »auf Erweckung des Anspruchs an Menschenwürde« (S. 21) zielt. Immer wieder verweist Jaspers darauf, dass auch politische ›Wahrheit‹ niemandes Besitz alleine ist und der Anspruch »auf den Besitz der einen absoluten Wahrheit« (S. 22) schlussendlich die Freiheit aufhebt. Wer meine, sie zu besitzen, wolle diese verkünden, doch dies bedeute einen Abbruch der Kommunikation und eine Aufhebung der Freiheit. Mit dieser Überlegung weist der Psychiater Jaspers darauf hin, dass dem Seelenkarussell des Menschen eine starke selbstverabsolutierende Tendenz innewohnt, die ihn dafür empfindlich macht, überall sich selbst als Verkörperung der Wahrheit zu sehen. Diese mentalitätsgeschichtliche Betrachtung sehen wir z. B. in der Institution der Ehe, in den einzelnen Organisationen, zwischen den Nationen. Konfliktive Fraktionsbildungen sowie strukturelle Gewalt und Krieg sind die Folgen solch kognitiver Dissonanzen.

Entscheidend für die Verwirklichung der Freiheitsentfaltung und damit einer freiheitlichen Gemeinschaft sind für Jaspers: die Förderung eigenständigen Denkens, der Verzicht auf eine instrumentelle Vernunft und »die Umkehr unserer Denkungsart aus dem im gegenständlichen verlorenen Denken in das Denken aus dem Umgreifenden« (S. 19), also aus dem Sein an sich, von dem wir umfangen sind. Wesentlich ist dabei »die [...] Arbeit des Geistes selber« (S. 32), worauf die Möglichkeit beruht, freie Menschen zu bleiben, die fähig sind »aus der Tiefe ihres Wesens miteinander zu reden, um sich in der Wahrheit zu verbinden« (S. 32), während »Unfreiheit [...] das geistige Leben« (S. 28) lähmt. Von grundlegender Bedeutung ist hier, wie Jaspers unermüdlich hervorhebt, auf jede Form von Selbstverabsolutierung zu verzichten. Auch die Auseinandersetzungen des 21. Jahrhunderts beruhen maßgeblich auf Wahrheits- und Absolutheitsansprüchen. Wir können sie in beinahe allen politischen und wissenschaftlichen Diskursen beobachten, auch wenn sie strategisch unterschiedlich bemäntelt werden.

Freiheitsentfaltung setzt hingegen die Aktivität des freiheitssuchenden Geistes voraus, der jenseits von politischer Macht und individuellen Narzissmen mancher Staatsmänner und -frauen, die Kriege inszenieren, um Macht zu erlangen und ihre Interessen durchzusetzen, grenzenlose

Kommunikation sucht, in der niemand ausgeschlossen wird. Dies geschieht, wie Jaspers ausdrücklich betont, »aus der Sorge um den Menschen, um das, was wir aus uns selber machen« (S. 30). Ein wie auch immer gearteter Kampf um Wahrheit, nach der alle suchen, hat stets ein liebender zu sein.

Jaspers verfolgt zielgerichtet das Vorhaben, den Begriff der ›Freiheit‹ im Seinshaushalt des Menschen zu begründen. Den Menschen beschreibt er als dasjenige Wesen, das diese Freiheit in sich spürt und sucht. Zum Verhängnis im Riesenrad der menschlichen Seele wird aber, dass Menschen, z. B. als Wortführer der Religionen, absurderweise nicht nur Frieden und Freiheit hervorbringen, sondern aufgrund der Verabsolutierung ihres Selbst- und Weltverhältnisses Fanatismus schüren.

Die schlimmsten Gegner der Freiheit sind für Jaspers Krieg oder Kriegsdrohung, »[d]enn der Krieg ist die Gewalt, mit der das Miteinanderreden aufhört und die Wahrheit als verbindendes Element endgültig verschwindet« (S. 12). Nur durch die theoretische und praktische Bildung eines individuellen und kollektiven Wollens und Handelns lassen sich Kriege nach Jaspers vermeiden.

Die Möglichkeit, Freiheit zu begründen und praktisch werden zu lassen, setzt für Jaspers zwei Momente voraus: a) den Verzicht eines Anspruches auf die eine absolute Wahrheit, welche die Grundsituation der Menschen vernichtet, und b) den Verzicht auf die Vergötterung von Führungspersonen, die den Menschen des Selberdenkens entheben. Was diese Dimensionen miteinander verbindet, ist der Glaube an den Menschen als ein wertvolles Geschöpf.

Jaspers' Bedeutung heute

Jaspers' Werk ist von einer facettenreichen Perspektivität geprägt, welche die Grundfragen der Vergangenheit und Gegenwart miteinander verbindet. Die Aktualität seines Werks ist ungebrochen, obschon große Teile der Öffentlichkeit zwar zugänglich gemacht worden, aber weitestgehend unbekannt geblieben sind. Die Berufung nach Basel und seine eindringlichen politischen Appelle bewirkten seinerzeit, dass Jaspers von den Fachkollegen vielfach ignoriert wurde. Man titulierte ihn als ›den Baseler Philosophen‹. Von Jürgen Habermas ist der impertinente Ausspruch bekannt, Jaspers' Äußerungen zur Verjährung der Schuldfrage seien nicht mehr als »Früchte eines intelligenten Zeitungslesers«.[14] In dem Band *Stichworte zur »Geistigen Situation der Zeit«* von 1979 interpretiert er Jaspers' gleichnamige Schrift als eine »bürgerlich[e] Kulturkritik, mit dem Pathos eines Lehrers der Nation. Er wagt, unbeirrt von Fallen, welche die Sozialwissenschaften stellen könnten, den direkten Zugriff aufs Ganze. Das alles ist obsolet geworden.«[15]

Dabei entfaltet Jaspers' Werk die fundierte Grundlage eines interkulturellen Diskurses, die in den letzten 30 Jahren weltweit, insbesondere aber in Deutschland entwickelt worden ist. Auf explizite Weise artikuliert Jaspers dieses

14 Jürgen Habermas, »Deutschland – wohin? Ansichten und Einsichten: Karl Jaspers über den moralischen Notstand in der Bundesrepublik«, in: *Die Zeit* 20 (13. 5. 1966) S. 12.

15 Jürgen Habermas, »Einleitung«, in: J. H. (Hrsg.), *Stichworte zur »Geistigen Situation der Zeit«*, Bd. 1, *Nation und Republik*, Frankfurt a. M. 1979, S. 7–35, hier S. 9.

Vorhaben in seinem Nekrolog: »Alle Kraft dieser Jahre gab er der Fortsetzung seiner an sich unabschließbaren philosophischen Arbeit, mit der er mehr ahnend als schon wissend, versuchend, nicht besitzend, teilnehmen wollte an der Aufgabe des Zeitalters, den Weg zu finden aus dem Ende der europäischen Philosophie in eine kommende Weltphilosophie.«[16]

Zu den wesentlichen Merkmalen des Jaspers'schen Œuvres gehören sein Verständnis von Vernunft als uneingeschränkter Kommunikationswille,[17] die verbindende Suche nach Wahrheit und Standpunktbeweglichkeit sowie der Verzicht auf einen Absolutheitsanspruch und eine Zurückweisung aller Dogmatik in der Philosophie. Hierbei handelt es sich um eine diskursive Dogmatik, die jeden Versuch zum Erliegen bringt, eine gemeinsame Wahrheitssuche aus unterschiedlichen Perspektiven heraus zu gestalten. Es geht also um die Entfaltungsmöglichkeiten der Philosophie als verschiedene Orte des Denkens, die das Gleiche unterschiedlich artikulieren. Diese Haltung Jaspers' ist zeitüberdauernd und kann für einen polyphonen Dialog auf verschiedenen Ebenen, auch des sozialen Lebens, fruchtbar gemacht werden.

Qualitäten wie diese sind selten, und sie unterstreichen

16 »Nekrolog, von Karl Jaspers selbst verfaßt«, in: *Gedenkfeier für Karl Jaspers* (Basler Universitätsreden), H. 60, Basel 1969, S. 3 f. Am Tag von Jaspers' Beisetzung hielten auch Kurt Roßmann, Jeanne Hersch, Lukas Burckhardt, Hansjörg Salmony, Hannah Arendt und sein letzter Assistent Hans Saner Ansprachen.

17 Vgl. Hamid Reza Yousefi, *Kampfplätze des Denkens. Praxis der interkulturellen Kommunikation*, 2., vollständig überarbeitete und erweiterte Aufl., Konstanz 2018.

die Bedeutung dieses wohl ersten Weltphilosophen, dessen Fragen und Analysen für die *Geistige Situation der Zeit* (1931) gestern wie heute aktuell sind und die dem gegenwärtigen transkulturellen Denken neuen Auftrieb verleihen können. Es ist daher sehr zu begrüßen, dass die Gesamtausgabe des Jaspers'schen Werks von der Heidelberger Akademie der Wissenschaften und der Akademie der Wissenschaften zu Göttingen herausgegeben wird.

Literatur

Habermas, Jürgen: Deutschland – wohin? Ansichten und Einsichten: Karl Jaspers über den moralischen Notstand in der Bundesrepublik. In: Die Zeit 20 (13.5.1966) S. 12.

– Einleitung. In: J. H. (Hrsg.): Stichworte zur »Geistigen Situation der Zeit«. Bd. 1: Nation und Republik. Frankfurt a. M. 1979. S. 7–35.

Jaspers, Karl: Allgemeine Psychopathologie. Ein Leitfaden für Studierende, Ärzte und Psychologen. Heidelberg 1913.

– Philosophie. 3 Bde. Bd. I: Philosophische Weltorientierung. Bd. II: Existenzerhellung. Bd. III: Metaphysik. Berlin 1932.

– Rechenschaft und Ausblick. Reden und Aufsätze. München 1951.

– Philosophische Autobiographie. Erweiterte Neuausgabe. München 1953.

– Der philosophische Glaube angesichts der Offenbarung. München 1962.

– Nekrolog, von Karl Jaspers selbst verfaßt. In: Gedenkfeier für Karl Jaspers (Basler Universitätsreden) H. 60. Basel 1969. S. 3 f.

– Weltgeschichte der Philosophie. Aus dem Nachlaß hrsg. von Hans Saner. München 1982.

Yousefi, Hamid Reza: Interkulturalität und Geschichte. Perspektiven für eine globale Philosophie. Reinbek b. Hamburg 2010.

– [u. a.] (Hrsg.): Karl Jaspers. Grundbegriffe seines Denkens. Reinbek b. Hamburg 2011.

Yousefi, Hamid Reza: Einführung in die islamische Philosophie. Eine Geschichte des Denkens von den Anfängen bis zur Gegenwart. 2., überarbeitete Aufl. Paderborn 2016.

– Kampfplätze des Denkens. Praxis der interkulturellen Kommunikation. 2., vollständig überarbeitete und erweiterte Aufl. Konstanz 2018.

– Entmythologisierung des Bösen. Eine kontextuelle Perspektive. Im Entstehen.

Werke von Karl Jaspers (Auswahl)

Psychologie der Weltanschauungen. Berlin 1919. [Jaspers entwickelt sich von der Psychologie hin zur Philosophie und entfaltet eine Typologie der Weltanschauungen, die ihn zur Existenzphilosophie führt.]

Die geistige Situation der Zeit. Berlin 1931. [Jaspers macht auf den Persönlichkeitsverlust aufmerksam, der durch eine Anpassung an das Massenverhalten und den Wissenschaftswahn droht. Der Mensch verliere vielseitig sein Bezogensein.]

Philosophie. 3 Bde. Bd. I: Philosophische Weltorientierung. Bd. II: Existenzerhellung. Bd. III: Metaphysik. Berlin 1932. [Jaspers beschreibt den langen Weg von Selbstsein und Selbstverwirklichung, der eine transzendentale Dimension hat, die sich in der philosophischen Weltorientierung, Existenzerhellung und Metaphysik manifestiert.]

Vernunft und Existenz. München 1935. [Jaspers zeigt den korrelativen Stellenwert zwischen Existenz und Vernunft, die in seinem Œuvre eine zentrale Rolle einnehmen.]

Philosophische Logik. Bd. I: Von der Wahrheit. München 1947. [Jaspers' Werk stützt sich auf die philosophische Logik als ein Gravitationszentrum. Nur der erste Band ist erschienen. Eine Methoden- und Kategorienlehre sowie eine Wissenschaftslehre sollten ursprünglich folgen, liegen aber lediglich in Fragmenten vor.]

Vom Ursprung und Ziel der Geschichte. München 1949. [Jaspers ordnet den Verlauf der Denkgeschichte und formuliert seine Theorie der Achsenzeit, von der aus alle anderen Philosophien der Welt entstanden sein könnten.]

Einführung in die Philosophie. München 1950. [Jaspers thematisiert sein persönliches Selbst- und Weltverständnis, durch das seine Philosophie unmittelbar artikuliert wird. Er führt auf die undogmatische Weise, die für sein Werk spezifisch ist, in die Grundbegriffe seines Denkens ein.]

Die großen Philosophen. Bd. I. München 1957. [Jaspers entwickelt in diesem Opus magnum den Verlauf der Philosophiegeschichte, geht dabei über Hegels Engführungen hinaus, der letztlich das

Christentum als Sieger und Kulmination der Geschichte betrachtet. Jaspers hingegen sucht die Existenzerhellung des Eigenen in Begegnung mit dem Anderen.]

Der philosophische Glaube angesichts der Offenbarung. München 1957. [Jaspers legt in diesem Werk die Grundposition seiner Religionsphilosophie dar, die in Verbindung mit dem Werk *Chiffren der Transzendenz* als Grundlage einer Theologie des Friedens betrachtet werden kann.]

Kleine Schule des philosophischen Denkens. München 1965. [Jaspers beschreibt Philosophie nicht, wie die Philosophen bisher, als einen Bereich des Sachwissens, sondern als eine existenzerhellende Denkungsart, die Menschen jenseits von kognitiven Dissonanzen und Ausschließlichkeitsansprüchen verbindet.]

Die Schuldfrage. Zur politischen Haftung Deutschlands. München 1965. [Jaspers befasst sich darin vorwiegend mit den kriminellen und verbrecherischen Taten der Nationalsozialisten, verwirft aber die Idee einer kollektiven Schuld.]

Chiffren der Transzendenz. Hrsg. von Hans Saner. München 1970. [Jaspers verfasst dieses Werk während seiner Arbeiten an *Der philosophische Glaube angesichts der Offenbarung*. Es lässt sich als ein Bestandteil seiner Theologie des Friedens betrachten, s. o.]